【暢銷十週年紀念版】

心境，決定你的處境

46個改變人生困境的選擇題

暢銷心靈作家　何權峰　著

高寶書版集團

生活勵志

新版序

坐雲霄飛車可怕恐怖，也可以是好玩刺激。

旅遊遇到大雨，是煞風景，也是另有一番風景。

上司額外給工作，是找麻煩，也是給你表現機會。

拔掉一顆爛牙會痛，卻也是痛苦的解除。

人生都是自己創造的，它可以是美好的，也可以是悲慘的，變化全在你的一念間。

當心歡喜時，觸目所見都是愉悅；心情煩躁的時候，看什麼都不順眼。內心充滿悲傷和陰鬱，縱使陽光燦爛，風光明媚，也會視而不見。

外境皆因我們不同的心境而起。我們無時無刻都帶著自己的認知、想法、

信念、投射和情緒在看待這個世界。

錢鍾書說過這樣一段話：「你洗了一個澡，你覺得很美好。你看到一朵花的盛開，你覺得很美好。你吃了一頓飯，你覺得很美好。你看到並非全因為澡洗得乾淨，花開得好，或者菜合你口味。而是你心無罣礙。美好的是生活嗎？並不，美好的自始至終都是你自己。」

所有不滿都來自內心，所有美好也源自內心。當你了解，這顆心如何讓自己吃盡苦頭，同樣的一顆心也能讓你離苦得樂，你就自由了。

世間的事紛紛擾擾，其實擾亂我們的不是世事，而是不安的心。當我們靜下心來，外在那些事情遲早會安定下來，你不需要去安頓它們，你只要安頓自己。

生命發生的事，有些愉快的，有些不愉快。有些事情按照你想要的發生，有些事與願違。我們可以樂觀開朗，也可以牢騷滿腹，選擇完全在自己。

我們無法掌控際遇，但要如何反應可以自己作主。生活不會盡如人意，但你永遠有其他選擇。「蛻變轉化」的秘訣就在這裡。本書重新改版，期望能帶給你美好的開始。

前言

美好人生，不是期待永遠的風平浪靜，
是學會在風中飛翔，在雨中跳舞

人心非常複雜多變，有時早上你心情很好，到了下午就變了。你可能早上對家人充滿愛意，晚上卻極度不滿。或許今天你享受到為人父母之樂，明天卻恨不得沒生這個孩子。或者某日，你可能因為伴侶管太多而生氣，但是隔天又因對方不管你而不開心。

有時，莫名地鬱悶一整天，追其原因，竟只是旁人的一個眼神；有時，無端地開心一整天，也只是旁人說了一句貼心的話。

很多人會說自己或別人情緒不穩定、很情緒化，或不懂得控制情緒。實情是這個人不瞭解自己的心。

你一定看過有人莫名其妙地為一件小事氣到臉色發青；或者看到有人沒來由地仇視某個人。到底內心發生了什麼事？可以強烈的影響到人的行為，甚至講出自己不想講的話，做出不想做的事？

常有人問我：「為什麼我會心情煩亂、愛發脾氣，為何我會如此不快樂？」每當聽到這樣的問題，我就會為發問者感到難過，這都是沒看到自己的心。

情緒，就是從外在世界進入內在世界，再從內心變身冒出來的產物。

所以，要瞭解情緒，首先要學會往內去觀察自己的心。

不久前，我在課堂上放教學影片時，附近有位候選人的競選總部正好辦造勢活動，「拜託、拜託」的聲音加選舉口號不絕於耳。

那天課程結束時，有人告訴我那些噪音造成莫大的干擾，有人則感到煩躁，而有些人卻表示，沒受到任何影響。

所有學員聽到的聲音其實沒有兩樣，內心感受卻大不同。

沒錯，因為心隨境轉。與外在的人、事、物互動時，如果產生負面的感受和情緒，我們往往認為是外在的那個人或事件引發的。殊不知，不滿與不快其實源自我們的內心。

想想看，某天你心情很好，走在路上，覺得景致美麗怡人；另一天心情不好，走在同一條路上，卻毫無感覺，這美與不美，是外在的景致，還是來自你的內心？

有時你覺得自己很好，有時覺得自己還可以，也有時你覺得自己簡直糟透了，這變來變去的，是你的外表，還是你的心情？

有句話說得好：「積極的人像太陽，走到哪裡哪裡亮；消極的人像月亮，初一十五不一樣。」

我們的心也是如此，不管是心情開朗或鬱悶，讓你覺得世界是光明或黑暗的，都是心境——當你的心隨情緒起舞時，它們就創造了你的處境。

CONTENTS

PART 2 情緒管理三步驟

PART 3 三個問題，翻轉情緒

PART 4

看懂情緒傳遞的訊息

CONTENTS

PART 5

讓自己好起來的情緒處方箋

PART 1

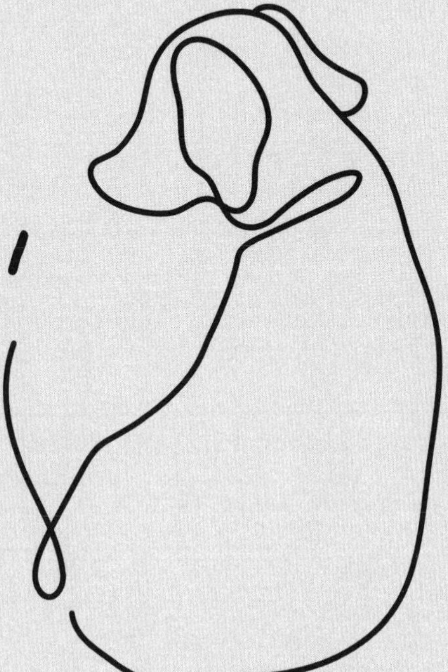

情緒的五個基本特性

所有情緒都會隨時間不停變化

若仔細觀察，便會發現，我們的心念隨時都在變化。

比方早上你想去「買雞蛋」，出門時突然想到洗衣機裡的衣服還沒晾，於是又回去晾衣服，接著朋友打電話來約吃飯，於是你想著要穿什麼衣服，這時早已忘了「買雞蛋」。

一個想法出現，在我們的意識中逗留片刻，就會消失不見。

遇到塞車，你可能這樣想：「糟糕，快遲到了。」

當這個想法進入你的意識後，又會有另一個想法進入。「真是急死人，前面車怎麼開這麼慢。」「要是遲到，找什麼理由解釋。」

想法是流動的，它總是來了又去。

前一刻的念頭這一刻已不見，昨天的問題今天已不是問題，回頭看幾天前的煩惱，你可能還會覺得好笑，再過幾天，你可能都忘記它的存在。

所有的情緒，也都會隨著時間不停地起變化，你很難保持歡樂一整個月，也很難持續生氣一整年。

然而，「為什麼苦痛在事後很久都不會消失？為什麼有時候，不愉快的感覺會一直持續下去？」

簡單來說，這些情緒不會消失，是因為我們對念頭緊抓不放。

以前面塞車為例，你不斷去想它，情緒就不斷受它影響，「那傢伙是不是不會開車！」「為什麼一早就這麼倒楣？」結果，你愈想愈氣、愈想愈沮喪。

有念頭並不是問題，若緊抓念頭，認同念頭，這才是問題。

當我們為自己感到難過的時候，會陷入一種自憐的情緒中，認為這個世界是多麼跟我們過不去。然而，如果我們能暫時跳開自己的觀點，想法和情緒立刻有所改變。

試試這個實驗吧：暫時停止閱讀，去想一件你常擔心煩擾的事，想到了嗎？很好，現在你可以自問一個有趣的問題：在你「去想它」之前，這個問題何在呢？只因為你沒有去想，它就不存在。換句話說，即使你真的有煩擾的事，也不必一再去想，明白嗎？

我們可以在非洲草原瞪羚的行為中清楚看到，當豺狼開始追逐牠們時，恐懼驅趕牠們拚命地奔跑，一旦某隻瞪羚被抓住了，其他瞪羚馬上若無其事地開始吃草，彷彿什麼事都沒有發生過一樣。

下回，當情緒激起的時候，想想那些動物，應該會很有幫助。

深呼吸一口氣，聆聽遠處的鳥鳴，看著湛藍清澈的天空，浮著一朵孤獨的浮雲，緩緩飄過天際，那些不愉快的事在這一刻不都隨風而逝了嗎？

認清「想法只是想法」

「為何你要反覆思索？為什麼你老是抓著那些讓自己變更糟的想法？」

當我問那些反覆思索的人為何要這樣做時，答案很簡單：他們相信這麼做可以幫助自己克服痛苦與憂鬱。

人們以為透過這種方式可以找到問題的解決之道，然而研究結果卻顯示恰巧相反。

原因是：當你陷入困局時，情緒會低落，低落的心情就會引發負面的想法，因而看到的都只會是否定、消極的。就像輪子陷於泥沼，愈去踩油門，車輪就陷得愈深。

那該怎麼辦？首先要認清「想法只是想法」。

當你學會不去相信情緒低落時的想法後，才能脫離低潮；你學會不加理會，你的消沉感才會消失不見。

一切情緒都與自己過去的經驗有關

看著一棵大樹而沒有任何情緒，是很容易做到的事。可是看著一個朋友、一個傷害過你、欺騙你的人，而不帶任何情緒，就很難做到了。

比方說，你和朋友約好一起吃飯，而屆時她卻沒有出現。如果你了解這位朋友是個守時的人，你可能會開始擔心她的安危。但假使你等的是一位不太守時而又做事馬虎的朋友，你光火的機會可就大了。

我認識一位太太，每回只要看到與她那暴力傾向的前夫神似的男人，就會驚慌失措。

另有一位學生，他說：「每逢有人對我繃著臉，我的腦海便立即飛掠過父親兇惡的臉孔。」所以他非常厭惡有人對他繃著臉。

每一樁生命的經驗都會在我們心裡烙印下痕跡。一個曾被狗咬過的人，只要一看到狗走過來就會緊張害怕；一個孤獨或常被忽略的孩子，當被人忽略了，自然會感到沮喪。

如果你在充滿責難、貶損、嘲笑的家庭長大，那麼現在你很可能也成了同一種人——不是變得特別愛挑毛病，就是對別人的評論總是反應過度。

有位女孩從小就被兄長罵「豬頭」、「白痴」、「垃圾」這類的話，即使犯了點小錯，也常被批評得一無是處。

多年下來，女孩漸漸變得對別人所說的話非常敏感，即使只是別人善意的批評，也能讓她陷入失落的谷底。

有句話說得好：「痛苦的記憶如同魔鬼氈，愉快的回憶好比不沾鍋！」

人們從受傷恐懼的經驗根扎得很深，尤其是早期的經歷，產生的影響最強。傷痛的記憶與情感存在一套相互連結的神經網中，如同複雜的蜘蛛網，牽動一絲線就足以撼動整個蛛網。往往只要一點小事，就會觸動傷心的回憶。

曾獲得諾貝爾獎的俄國生理學家巴洛夫（Pavlov），最有名的是他對狗的研究。每當他餵狗吃飯時，他會先搖鈴。到最後每當狗一聽到鈴聲，牠們就會開始「流口水」，即使牠們並未看到食物。

我們的情緒反應就像巴洛夫的鈴聲一樣，一旦記憶的「鈴聲」響起——當有人瞄了你一眼或說了某個字眼時；當有人面無表情或沒回你電話時；或當你的老闆請你到他的辦公室；或是你的伴侶以某種語調跟你說話……。當外在發生類似的事件，就會喚起失控受挫的記憶。

許多人與伴侶爭吵時，衝突很快升高並惡化，即是觸動了過去的某個情境，以致一發不可收拾。

經常，我們會對某些人或某些事感到不滿，甚至大冒無名火，其實我們是和自己的過去「過不去」。反之，別人對我們的反應也是一樣，他們很可能也攜帶著許多過往的傷痛。

當你了解到每個人都有著不同的過去，你是否能有更大的包容去接納別人？是否能諒解別人所犯的錯誤？

當你了解自己也可能是過去的受害者，是否能較心平氣和的看待自己的挫折失意？能否讓自己不再受過去的傷痛所左右？

別成了過往記憶的奴隸

要如何分辨影響情緒的事件，是現在發生的，還是以前留下來的？

我們可藉由靜觀來自我檢視。

如果當我們不明所以地小題大作、反應過度，或某事讓痛苦持續很久，問問自己：你目前的感受是否讓你想起以前曾在「何時」、「何處」、「與誰」有過類似的感覺？

有人對你發無名火時，多半也是曾在哪裡受到打擊或傷害。

試著瞭解你厭惡的那個人，不管是自私、是冷漠、是無情，不管你厭惡的是什麼，請先了解他的成長背景，了解他的恐懼，慢慢你將發現：那些不懂得愛的人，也是欠缺被愛的人

情緒會隨著想法、認知而改變

有句禪語是這麼說的：「美女在情人眼中是愉悅，在和尚眼中是雜念，在蚊子眼中，則只不過是一頓饗宴罷了。」

這句話言簡意賅：事物在眼中的樣貌，會因為想法、認知而不同。比方：下雪，對某些人而言，代表著冬天的樂趣：滑雪和雪人，是值得歡慶的。然而，對另一些人而言，下雪則代表災難：天氣酷寒、汽車熄火、打滑翻車等等。

再如，遇到蛇對許多人來說，會認為是件倒楣的事，甚至被嚇得半死，可是對一個喜歡蛇或專門捕蛇的人來說，那可是件幸運的事。若是遇上了印度教的虔誠信徒，可能還會將蛇視為神的化身，下跪膜拜呢！

外在事件本身並不必然決定了我們會產生怎樣的情緒，反而是我們如何詮釋事件，才是關鍵所在。

曾讀到一則案例：有個年輕人失戀了，一直無法接受打擊，情緒低落。於是，他找到了心理醫生。

心理醫生告訴他，其實他的處境並沒那麼糟，只是他把自己想得太糟了。

心理醫生問他：「假如有一天，你到公園的長凳上休息，把你最心愛的一本書放在長凳上，這時候走來一個人，坐在椅子上，把你的書壓壞了。你會怎麼樣？」

「我一定很氣，他怎麼可以隨便損壞別人的東西呢！」年輕人說。

「那我現在告訴你，他是個盲人，你又會怎麼想呢？」心理醫生接著問。

「哦——原來是個盲人。」年輕人摸摸頭，想了一下，接著說，「謝天謝地，好在只是放了一本書，要是油漆、或是什麼尖銳的東西，他就慘了！」

「那你還會對他憤怒嗎？」心理醫生問。

「當然不會，他是不小心才壓壞的嘛。我甚至有些同情他。」

心理醫生會心一笑：「同樣的一件事情——他壓壞了你的書，但是前後你的情緒反應卻截然不同。你知道是為什麼嗎？」

「可能是因為我對事情的看法不同吧！」

「沒錯，對事情不同的看法，能引起自身不同的情緒。很顯然，讓我們難過和痛苦的，不是事件本身，而是選擇的解釋。」

世界就像一部默片，每個人各自寫下自己的旁白。有人指責你，你覺得很生氣，那是你的想法，換個解釋：「他是在教導我，他很關心我，在乎我。」也許你會反過來感激那人，對嗎？

以前開車出門，都會盡可能找離目的地最近的地方停車，為此還常在路上繞圈子而懊惱，後來我把「多走路」轉念為「多運動」，也就再沒停車的困擾。

人生際遇的好壞不是來自發生在我們身上的那些事，而是我們用什麼角度來看待。

不快樂的情緒未必來自不快樂的事情。對一些憂鬱、容易陷入情緒漩渦的人而言，並不一定要遭遇重大的創傷失落事件，即使是微不足道的日常煩擾，都可能令人跌入憂鬱深淵，或持續處在不快樂的狀態。

而不快樂的事情也未必會帶來不快樂的情緒。

前陣子，一位朋友陪伴他十五年的愛犬死了。他說：過去這幾個月來，牠越來越受痛苦的折磨，到最後幾天，牠完全沒有進食，甚至站不起來。牠的死讓我很不捨，但也覺得很高興——牠再也不會受苦了。

你能區分其中的不同嗎？每當有任何不愉快的情緒產生，首先，意識到此刻你正被情緒控制，而不是事情讓你不愉快。也就是說，把不快樂的情緒和不快樂的事情分開看，而不是傻傻地把它們當成一回事。

此刻的想法，決定你此刻的心情

想像下面的情境：

你正沿著一條街道走，你看到街道的對面有一個認識的人，你微笑並且揮手，那個人沒有任何反應，就這樣走了。

這讓你有什麼感覺？你心中出現了哪些想法？

也許你覺得事實很明顯，但如果把這場景拿去問其他人，看看是否得到一堆不一樣的看法。

當你的想法不同，感覺是否不同？

情緒背後都有支持它的信念

我們常常聽到「往好的想」這句話。但實際上，人的念頭並不是那麼容易轉變的。不能輕易改變的原因，來自於有些念頭與情緒密不可分的關係。

當受到情緒包覆的念頭深植在內心許久，我們就會從內心相信它是真實的，一個所謂的信念就此形成。像是：「事情做不好，我是失敗者」、「別人都吃定我」、「我沒有人愛」等。

很多思想之所以會落入一定型態，都是因為你被自己的信念所捆綁，以致看不到更大畫面。

人為什麼為小事感到挫折？因為我們不把這些事情看作是小事，而把那個失誤的一球、一分、一件事，視為失敗者的證明。

人為什麼爭吵？因為雙方都堅持己見。

為什麼堅持己見？因為每個人都認為自己是對的。

為什麼認為自己是對的？因為我們對這些信念早已深信多年，因此在大多數情況下，我們很少質疑它們，甚至會不斷去證實這些信念的行為和事件。

比方，你認為：「我太胖才會沒有人愛。」那麼，你的一舉一動都會散發出這種不安全感。而當其他人遠離你時，遭到拒絕的感受又回過頭來證實你的想法。

假如你認為：「別人老是吃定我。」你很可能會先出現防禦性的舉動。而當其他人反擊時，你就會覺得先前的預測果然是對的。

仔細觀察便不難發現，每當你產生情緒反應時，往往就在按照某種信念而產生反應。即使是與人爭論，也是奠基於這信念之上。

當然，愈堅持自己的信念，就愈會跟人起衝突，也愈會變得沒有彈性，自我設限，甚至不可理喻。

賽斯說：「除非你知道你的信念，否則你不會了解你的情緒。」

試著跟隨自己的情緒，你會找到其背後的信念。

以「事情做不好，我是失敗的人」為例，這個信念令你產生一種感覺，然後你接受了這個感覺。也就是說，如果你沒有這個信念，你就不會有這個感覺。

如果你能在這些情緒生起時，把它分解開來，知道哪一部分是信念，哪一部分是情緒的話，你就會比較容易釋懷，被情緒牽動的折磨也會大大減少。

其次，你要檢視自己的信念：「實際嗎？合理嗎？」

從實際的角度來看：你想要完成某件事，並不代表你一定能如願，或期望一定要被滿足不可，對嗎？

再從邏輯的角度來看，事情絕對不是：你得不到，就會是一個無能的人；別人不愛你，就表示你是沒價值的人；你沒做好某事，就表示你是失敗的人。

面對其他的信念也一樣，你可以從更寬廣的角度來探究，想想看：「這個信念對我如何看待自己、看待他人、看待生命有什麼影響？」答案可能是：始終處於緊張的狀態，動不動就發怒或者經常跟人起衝突等，這些信念甚至讓我們無法愛人與被愛，也難以融入生活。

既然如此，你還要如此堅持嗎？

檢視你的信念

每當你經驗到一個負面的情緒，先停下來用一分鐘檢視支持這個情緒的信念。

問自己：「我為什麼有這種感覺？是我的何種信念造成？是什麼讓我有這樣信念？」

接下來，不妨試試對這些信念提出質疑：

「你的想法是唯一一種可能嗎？」

「我為什麼一定要這麼做？」

「有理由每個人都要跟我想的一樣嗎？」

最後問自己：「如果沒有這個信念，我的生命會如何？」

一旦你能放下，負面情緒也隨之消逝。

情緒反應讓我們看見自己的內心世界

我們常形容夕陽很美，你是否曾想過，那個美來自哪裡？是來自夕陽，還是來自你的心裡？

因為許多人也看到同樣的夕陽，並沒什麼特別的感覺。這美是來自內心，對嗎？

同樣的夕陽，你今天覺得很美，但隔天很可能就變了，因為你變得不同。如果你變得悲傷，那你看到的夕陽也將是悲傷的，你看見的其實是自己的心。因為就在同一刻、同一個夕陽，也有人被夕陽的美所感動，那是他們擁有不同的心境。

就像獨處的時候，有人覺得寂寞，也可能自得其樂；聽同一首歌，當你以不同心情去聽，感受完全不同。

有個作家講過一件很有感觸的事：有一次他走在鄉間忽然下起大雨，他狼狽地跑到一間農場的屋簷下避雨，並跟這家的農夫搭訕：「真是糟糕的天氣！」

這個農夫一邊愜意地抽著菸，一邊望著遠處朦朧的田野，說：「哪裡有壞天氣，每一天都是好天氣！」

有時候外面下著雨，心卻是開朗愉悅；有時候外面豔陽天，心卻充滿陰鬱不快。我們所看到的世界，是我們內心投射出來的。

一位民宿主人在牆上寫道：「只要你心情美好，就能在這裡看到最美好的風景。」這個老闆無疑對心靈有著很深刻的瞭解。

當你剛考完試、工作完成或是正要去度假，在那個時候，是不是放眼看去一切都是美好的：燦爛的星空、優美的音樂、舒服的微風，連路上的小孩也變可愛了……。外境其實一點也沒變，變的是你。如果沒有度假的心情，無論去到哪裡都無法享受玩樂。

你對生活不滿，可曾想過你不滿的是生活，還是你自己？因為就在你的周圍，也有人活得很美好。

這個世界是心的畫布，當你以歡喜創作，就看到歡喜的畫面；以陰鬱調色，得到是悲傷的作品。生活的現況，就是我們每一個人內心的狀況。

如果我們內心平和善良，我們也會感受到外在環境及人物友善。

如果我們充滿煩躁、怨恨，周遭也不斷會出現令人厭惡不滿的事物。

你怎麼看這世界，它就是你想的那樣。

很多人一味想改變外在環境，那是搞錯了。境由心生，是你的心境決定你的處境。

你可以從一個地方換到另一個地方，從一個工作換到另一個工作，一個伴侶換另一個伴侶，但是問題還是一樣——你無法逃離你自己。你如何能逃得開自己？不管你到哪裡，你都會著帶著自己。

套句聖經的話：「由所結的果子可以認出它們來。」

從情緒反應可以看見自己的內心世界，一團糟的生活是由一團亂的人所創造出來的。

你的心境決定你的處境

當情緒起伏時，我們首先要了解的是，心是如何運作。在不同的狀況裡，你內心的感覺是不同的。現在，就從觀察你的內心開始。

當為某事煩躁時，觀察內心：「此刻，是這件事在煩我，還是我的心太煩躁？」

對某人不滿時，觀察內心：「此刻，是那個人不好，還是我的心情不好？」

感覺到忙亂時，觀察內心：「此刻，是我的心在忙亂，還是這世界忙亂？」

比了解世界更重要的，是了解人心。比改變世界更重要的，是改變自己的心。

PART 2

情緒管理三步驟

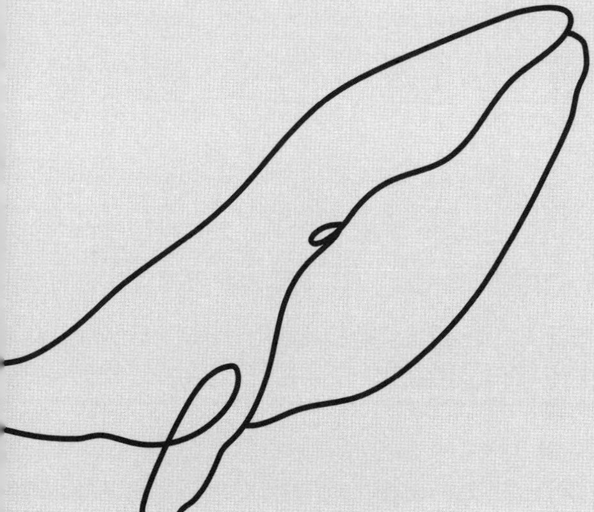

如何管理情緒

情緒本身是中性的，我們所說的好情緒和壞情緒，是根據情緒之後的行為來歸類。例如：快樂會讓人微笑、樂觀開朗，因此快樂是正向情緒；但是氣憤、恐懼和憂傷這些情緒可能讓我們吃不下、睡不好，會傷害自己或傷害別人，所以被稱為負向情緒。也就是說情緒並沒有好壞之分，有的只是我們想要的情緒和不想要的情緒。

許多人想擺脫沉重的情緒，尋求愉悅、快樂與幸福，做法多半是壓抑或控制負面的情緒。不幸地，這不是讓情緒埋得更深，就是變更糟。心理學家做了很多研究，他們的發現清楚地顯示：當試圖壓制某些想法時，這些想法可能會暫時消失，但很快就會再次出現，而且頻率更高。

有個著名的實驗：研究對象被要求說出五分鐘裡經過腦海的心念，不過，研究人員要他們不要想「白熊」，萬一真的想到白熊的話，就搖一下鈴，結果，鈴聲此起彼落的響起。

試圖壓抑不想要的心念情緒，只會使其不減反增。

你可以做以下實驗：控制你的念頭，在十分鐘內什麼都不要想。

試試看，會怎麼樣？

是不是不到五分鐘，各種紛亂的思緒便開始冒出來？

如果你覺得心煩意亂，你能怎麼樣？你能控制自己，讓心靜下來嗎？

你說：「我想讓心平靜下來。」但這個想控制的人是誰？這個人正是那個心煩意亂。你會發現情緒根本無法控制。

你覺得生氣，你告訴自己：「不要生氣。」當你越是壓抑，憤怒的感覺就越深入你的內在，有一天你會累積更多的憤怒而變得無法控制，它會爆發。

你想忘掉不愉快的過去，你說：「我再也不要去想那個人和那件事了。」但當你說「不要去想」，你其實已經在想了，不是嗎？

負面情緒就像汙濁的河水，你如何才能使它清澈呢？你只要坐在河邊，泥沙自然會沉澱下來。你不需要進到河裡去清理，如果你跳進去清理，只會讓水變得更濁。

人們總是說「控制情緒」，都以為負面情緒是該平定或擺脫的事，也正因為如此，情緒的紛擾總是剪不斷、理還亂。

事實上，情緒並非需要解決的「問題」，它們只是反映身心的狀態。換言之，它無法被控制，只能被感受。

你一旦感受到這些情緒，不再強加解釋或試圖壓抑，這些情緒自然消失。

第一步，觀察我現在有什麼思想或情緒

相信許多人都有看電影或電視時被感動的經驗。我們常聽人家說：

「那部戲真感人，讓人忍不住落淚。」

「那劇情真恐怖……嚇得我全身冒冷汗。」

你知道得很清楚，銀幕上什麼東西都沒有，它只是一個銀幕，就只有影子在上面移動，銀幕是空的。但是當銀幕上出現一些悲劇，你就覺得難過；你看著別人悲歡離合，你就感動；你看到有人哭，你也開始流淚。這是怎麼回事？

因為在那個時刻裡，你把影片變成了你的真實世界，劇情好笑，就跟著笑；劇情悲傷，就跟著哭。你投入了情感，對裡面的角色認同，甚至成了「影中人」。

事實上，整個人生就是一齣大戲。那個舞台很大，但它是一齣戲，你本身也在觀看自己的表演，你既是演員又是觀眾。

你可以這樣試試看：將生活中每一件發生的事情當成劇情，從旁觀者的角度，靜靜觀察那些湧上心頭的情緒。憤怒出現了，不要去抗拒；悲傷出現了，就讓它存在；就像看電視或電影那樣，就只要靜觀其變就好。

當你開始觀看自己的情緒時，會發現你腦中有無數想法。也許外面只是狗吠聲，但你的心會說：「狗在吠，我希望牠能停下來。因為我要讀書。」或者是「這是誰家的狗？」或者是「為什麼牠會一直叫，真是吵死了！」這種種想法，讓你覺得惱怒。

這種惱怒有什麼作用？沒有，那你為什麼要創造它？因為心智以為抗拒可以擺脫這討厭的情境。這當然是荒謬的。事實上，因抗拒產生的負面情緒要比它意欲擺脫的討厭情境更讓人困擾。

有位病人感觸很深，他說：

> 凌晨三點，我不斷想著自己的人生，愈想情緒愈低落；當深陷悲傷之中，我批評自己的軟弱……拚命地試著告訴自己，要掙脫現在的困局，但我發覺自己如同陷入流沙，奮力想讓自己離開，到頭來卻愈陷愈深。
>
> 幸好，掙扎了大約半小時，我想起了觀看思想的技巧，於是我開始什麼都不做，只是觀看。
>
> 「這就是我現在感受到的情緒！」
>
> 很快的，當我明白這只是思想而已，心也跟著平靜下來。

正如麻州大學醫學中心強・卡巴辛（Jon Kabat-Zinn）博士所說的：「當

你見到並感覺到，當下的感受也只是感受而已，如此地單純，那麼，你逐漸就會知道，加諸感受之上的念頭，在當下對你其實毫無用處可言，只會讓情況更糟而已，可以不必這樣。」

下回當你情緒生起時，記住，只要當一個觀眾。不論什麼思想經過你頭腦的銀幕，只要成為一個旁觀者；不論有什麼情緒經過你心的銀幕，只要單純地觀看，而非更進一步捲入思想中，這樣就不會隨著劇情陷入混亂。

第二步，把「我」跟「我的思想及情感」分開來看

人的心就好比杯子，而念頭和情緒就好比汙穢。如果杯子上有汙穢，你會怎麼做？汙穢和杯子是分開的，你只要將汙穢去掉杯子就乾淨了。

你為某事心煩，把「你」跟「你的思想及情感」分開來看。「困擾的人」並不是「你」，困擾的是你的想法，是你體內一股不安的情緒，如此你的心就能平靜。

同理，你也不是一個愛生氣、悲傷或滿懷恐懼的人。這些情緒既不屬於你，也不是你個人所持有。它們總是來來去去、變化不斷。

你說：「我很難過。」誰是那個感覺「難過」的人？

你說：「我很生氣、悲傷、痛苦。」誰是那個感覺「生氣」、「悲傷」、「痛苦」的人？

你可以問自己：「當下是誰在覺察？」抑或：「當下是誰在思考？」

當你憤怒時，仔細察看憤怒，想一想，憤怒從哪裡來？當下它在哪裡？消失後又去了哪裡？你將發現，其實憤怒在我們心裡產生，當你心裡想到別的事，比方突然接到一通緊急電話或好友來訪，憤怒也煙消雲散。

當你陷入絕境時，仔細觀察。你陷在爛泥裡，沒錯，但你不是爛泥。你陷入山谷裡，但你不是山谷。山谷只是你周遭的境遇。你不是你的經歷，只是那個經歷的人。

記住，「凡能夠被你所知的，都不是你」。當你覺察到你的痛苦，你的痛苦就不是你。你看到痛苦不是你，又怎麼會放不下？

第三步，直接體驗，全然接納

面對難受情緒，或難以撫平內心傷痛時，怎麼辦？

我的建議是：誠實面對情緒，安於自己的不安。告訴自己：「沒關係，你就坦然接受自己的感覺，有這種感覺也沒關係。」

這就是最直接有效的方法。

人之所以受苦，是因為執著或抗拒經驗，因為我們想要生命跟此刻有所不同。當你坦然接受自己的感覺，就可以看清楚，痛苦也只是痛苦罷了。

當我們以平常心看待，而不是盲目地抗拒，我們就不會把自己窄化為一個受害且受苦的自我。

當我們直接體驗內在不舒服的感覺，接納自己的負面情緒，意味著就不會有關於它的「故事」。沒有關於過去誰如何、做錯了什麼、是誰應該負責、誰應該被抱怨或懲罰這樣的故事，或是沒有添油加醋。

例如，當你感到憤怒、悲苦，一般的傾向是去抱怨某個人或某件事，而不是去了解這個憤怒與悲苦。於是圍繞著這個憤怒與悲苦的故事情節繼續發展。當你完全體驗任何負面情緒，而不經由任何故事，它瞬間就停止。

面對其他難受的情緒時，這也是非常有力的工具，可以使人脫離情緒化反應的循環。

吉姆有個八歲大的女兒，患了手術無法治癒的腦癌，因此，吉姆和他的家人在急診室外度過了無數個失眠的夜晚，每次都只能等著醫生出來報告女兒的情況。

急診室外的等待，堆疊累積成難以承受的痛苦和焦慮，吉姆發現自己開始將情緒發洩在醫護人員身上。

吉姆的家庭醫師是全家人交情要好的老朋友，終於有一次，吉姆在家庭醫師面前「潰堤」，淚流滿面，泣不成聲。這時吉姆才驚覺，自己早就需要好好哭一場了。

釋放完體內累積的情緒後，吉姆感到異常清醒且充滿力量，決定自己有必要和女兒的主治醫師好好談一談。

與醫生會談之後，吉姆定下長期作戰計畫，這讓他有了全新的自信與力量繼續走下去。他不必咬緊牙關才能忍住衝動，不質疑醫生和護士的作法，不抱怨他們做得不夠好；失去女兒的恐懼，以及對女兒生病所激起的怒氣，也不再深埋吉姆心底。

吉姆分享他的心路歷程：「接納自己的感受為什麼變得如此困難？會害怕是理所當然的，覺得無助也是理所當然的，這些是我原本就該有的感受！」

當我們流淚、心痛時，別忘了，這世上原本就有一種心情叫做悲傷；當我們被激昂的情緒淹沒時，別忘了，每個人都有過這樣的時刻。

每一次你經驗自己內在的痛苦，它就一點一滴的消失。直到不再害怕看見自己的負面情緒，越來越能夠面對它、接納它，那麼這些情緒就會逐漸離開，不再困擾我們。

法國文學家普魯斯特說得對：「唯有充分去經歷了苦，苦才能真正被治癒。」相反地，當你在經歷某種情緒，仍然非常激動與深刻，那就表示你的內心一定還有一些關於它的故事沒被體驗或接納。

PART 3

三個問題，翻轉情緒

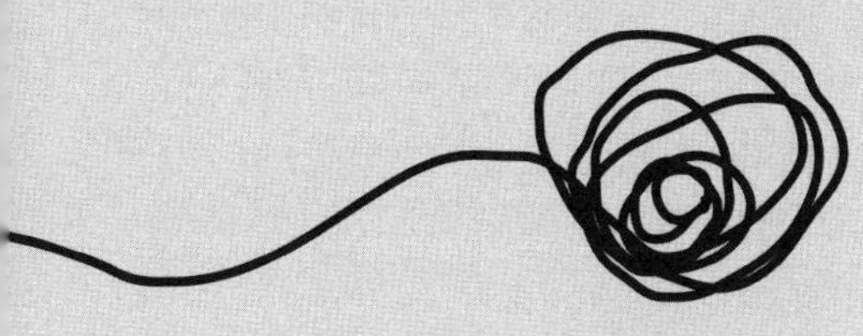

如何翻轉情緒

兩個辛苦工作的工人在忙碌的週一中午一起吃便當。他們很快地打開便當盒。接著工人甲瞄了一眼餐盒裡的東西，嘆口氣說，「荷包蛋，我不喜歡荷包蛋！」工人乙看了他一眼，沒說什麼。

星期二吃午餐時，同一幕戲又上演了。工人甲看了餐盒裡的東西後抱怨著，「又是荷包蛋！」然後嚷著說，「我最討厭荷包蛋！」工人乙仍保持沉默。

星期三中午，這兩名工人又一起用餐。工人甲還是興沖沖地打開便當盒，看看裡面有什麼菜色。「怎麼又是荷包蛋！」他氣得用手拍餐桌，大喊：「我痛恨荷包蛋！」

這時連看三天同一齣戲的工人乙終於忍不住開口，「我知道自己不該多管閒事，可是為什麼不請你老婆換不同的菜色呢？」

這時工人甲卻瞪了夥伴一眼，對他說，「你別亂說好嗎，午餐是我自己做的，不關我老婆的事。」

你或許覺得好笑：「哪有人那麼笨，既然是自己做的，為什麼不做自己喜歡的？」

信不信由你，其實我們多數人也做同樣的事——明明可以選擇快樂，卻老是想一些讓自己不快樂的事。

有些人或許會說：我是因為某人做了什麼才會這樣，我是因為遇到某事才會那樣，但朋友，或許這些事件都不是你能選擇，也不是你造成的，你會有什麼樣的情緒卻是因你的想法而來的。

事實上你仍然可以選擇更積極的想法，或是拒絕某些想法，不是嗎？

想要翻轉情緒，首先，你要做的是質疑自己的想法，而不是認同它們，
別忘了以下三個問題。

問題一：引發我產生這個情緒的原因是眞的嗎？

他「已讀不回」你的LINE，你懷疑他是否生你的氣，還是懶得理你；他跟你擦肩而過面無表情，你猜他是故意裝沒看到，還是哪裡得罪了他。他一個不經意的動作，你又開始聯想……。

麥克說：「波特！你怎麼搞的？眼圈黑了這麼一大片？」

波特搖搖頭說：「我真是衰到家了！我在哈莉家，正擁著她跳舞，她父親卻走了進來。」

「她父親認為跳舞是一件邪惡的事，於是就賞了你一拳，是不是啊？」

「非也！麥克！他老人家耳聾啦，根本就聽不到音樂。」

我們的頭腦很會編故事，即便故事多半是我們想像或虛構，一旦故事被創造出來，就會按下情緒開關，生活的戰爭就這麼引爆。

丈夫不回家吃晚餐，如果妻子對自己這麼說：「我大費周章準備了晚餐，他卻不回來吃。他一定是故意的。我早就知道他討厭回家。」如果妻子繼續想下去，往往加油添醋，對丈夫抱怨批評。

受攻擊的丈夫可能「以牙還牙」，並說出一些令她受不了的話。如此一來，更讓妻子覺得她的攻擊有理，你看：「他就是這樣！」接著，上述惡性循環就會不斷持續下去。

「這是對方的行為，還是我對此行為的詮釋？」

我們應該養成自我觀察的習慣，注意在情緒升起的當下，我們是怎麼告訴自己的。是不是在實情之外添加東西？

比方，你抱怨朋友「她是在敷衍我」，這批判就是超出實情。事實是：

她做了什麼事情——譬如她說她會打電話給我，而她沒打；「她是在敷衍我」是我添加上去的。

以下例子將有助於你分辨何者為「事實真相」，何者為「虛構情境」：

- 「他沒照我的話做」（事實真相）＝「他凡事都和我唱反調，不照我的意思做事」（虛構情境）。
- 「他說我做的不好」（事實真相）＝「他是故意挑剔我，才會說那些話」（虛構情境）。
- 「我的愛人移情別戀」（事實真相）＝「因為我不值得被愛，愛人才會離開我」（虛構情境）。

心理學家大衛・伯恩斯有感而發說：「這是不良情緒的一個奇特現象——我們經常欺騙自己，告訴自己一些根本不是真的事情來製造痛苦。」

人之所以糾結，是因為太認真地看待自己的念頭。想法本身不具有殺傷力，除非你緊抓著不放，對它深信不移。想法本身不會給我們帶來煩惱，是我們執著於想法才會帶來煩惱。

你不能阻止你的頭腦去產生念頭，但你可以有意識地覺察它。只觀察自己的念頭，而不是認同它們。

就好像我們盯著火爐裡的火，卻不再往裡頭添加木柴，不論火燒得多旺，若是不再添加燃料，火自然就會慢慢熄滅。

同樣道理，如果我們能單純看事情，不再添油加醋，憤怒自然無法再繼續下去。所有情緒都是如此。

以下整個練習過程是利用作家拜倫・凱蒂的四個問語來引導，通過這樣的轉念作業，去對自己的念頭進行質疑和反問，於是你不再陷在某一個念頭裡。想瞭解更多，可以參考《一念之轉》一書或相關網站。

用四個問題翻轉自己的想法

假如你有個念頭：小王是故意挑我毛病。

一、這是真的嗎？

請自問：「小王故意挑我毛病，這是真的嗎？」然後安靜下來，讓答案由內心自動浮現。

二、你能百分之百確定這是真的嗎？

請自問：「我百分之百確定小王故意挑我毛病嗎？」再次靜下來，讓答案自動浮現。

三、當你相信這個想法時，會如何反應？

當你認為小王故意挑你毛病時，你會如何回應？會對他做什麼、說什麼？（例如對他不客氣，加以還擊，或者有其他的反應？）請閉上眼睛，觀想當你對小王這麼做或這麼說時，心裡感覺如何？

四、如果沒有這個想法，你會是怎樣的人？

現在想像一下，如果你沒有「小王故意挑我毛病」這個念頭時，你會是什麼樣的人呢？然後再想想，你有什麼新發現。你看到了什麼？感覺如何？

問題二：這個情緒，是我自己選擇的嗎？

情緒不是一種被動的反應，而是一種主動的決定。

為什麼這麼說呢？

你想想看，同樣摔一跤，有人會生氣或哭泣，有人卻在笑；同樣一句話，有人覺得氣憤，有人卻得到激勵；同樣是失戀，有人難過說：「我失去一個愛我的人。」有人卻欣慰：「我離開一個不愛我的人。」為什麼？

心理學有一個著名的「ABC理論」。A指事件的起因，B為選擇的解釋和想法，C是事件的結果。相同的A可能導致不同的C，關鍵就在B。也就是說，如果B是正面的，結果也會是正面的。

生病住院，「這絕對是負面的事！」你或許這麼想。但你可以再深入去想：如果你把這段時間用來反省自己的生活，把這個月看成「強迫休假」，感覺是否不同？尤其生病期間，受到親朋好友的關懷跟幫助，是否還覺得幸福與感恩？

當心情不好時，我們習慣解釋說：「我悶悶不樂是因為我做什麼都不順。」「我生氣是因為他不夠意思。」「他傷了我的心。」「我的朋友不喜歡我。」等等；還有些人常有口頭禪：「都是你啦！你讓我很失望！」「都是我老闆！讓我壓力很大！」

我們常以為情緒是由外來因素造成的，然而如此一來，你就成了無助的受害者。是你讓環境左右，是你把力量交給別人，並允許別人決定你的感覺。

要成為情緒的主人，首先必須認知到這個事實：

「這個情緒，是我自己選擇的。」

你是唯一能在心中進行思想的人，也只有你能在自己心裡從事思想，不是嗎？

情緒不是反應，而是你的選擇。一早醒來，你可以選擇自己今天的心情，要快樂的過還是悲傷的過；受到別人曲解，你可以選擇暴怒，也可以選擇微笑；你與人起了爭執，你可以聳聳肩，安慰自己：「他今天一定是很不順心」，或者自艾自憐地說：「為何我老是碰到這種事？」後者的做法一定讓你愈想愈氣。

生病住院，朋友沒來探視，「他真不夠意思。」換個角度想，「他真是體貼，想讓我多休息！」

很多時候，我們不能選擇生活的境遇，但是我們永遠可以選擇如何看待發生的事情。

當你失意的時候，整天沉浸在低落的情緒固然是一種選擇，你也可以看個電影、跑跑步、喝個下午茶，或者和朋友相約，打扮漂亮去逛街，或者陪陪愛你的人，都不失為另一些不錯的選擇。

現代心理學之父威廉・詹姆斯說：「智慧便是以非習慣的看法去看同樣事物。」當你以新的角度去看一個舊的問題，你便擺脫舊的思考模式，這就是智慧。

幾天前，兒子又在車上滑手機，在這種情況下，通常我都會對他生氣，或是一路繃著臉開車。但這一次，我轉過頭去，我對他說：「要不要關掉手機，我們來聊聊NBA最新的賽事。」你知道發生什麼事嗎？他突然抬頭看我，並且笑了，看他訝異的表情，我也笑了。

我們的情緒的確是我們自己選擇的。生活不會盡如人意，但如何看待世界卻隨心所欲。

你永遠都有其他選擇

我們也許會一遍又一遍想著同樣的念頭，以至看起來那不像是我們自己選擇的。但一開始，的確是我們自己選擇的。

如果有人羞辱你、批評你，除了反擊，你可以選擇「不在乎」，可以選擇「不讓對方的話傷害自己」，可以選擇「自我調適」，或選擇「反其道而行」。平常你或許會繃著臉，或許會惡言相向，現在你反而會微笑。當你這麼做，你就不再是情緒的奴隸。

如果你意識到這不是你要的選擇，而你也不喜歡這個選擇的結果，要知道，你永遠都有其他選擇。

問題三：我要讓這情緒影響多久？

陷入悲傷和痛苦中是一段不容易的歷程，需要時間去調適，但到底需要多久則見仁見智。

我看過很多例子，有太多人遭遇失落已經好長一段日子，但仍然走不出來，有個原因就是：他們認為「時間可以治癒一切」，他們等著時間來撫平傷痛。

可怕的是，這觀念完全不正確。

事實真相是，時間只會不斷流逝，它並沒有任何療效。人們之所以需要時間，那是因為每當問題發生時，我們總是太入戲，總是那麼的激動、憤恨、痛苦，整個人好像著魔似的，根本無法沉靜下來，所以時間是需要的。當事發後幾個月、幾年，你可能覺得好多了，為什麼？那是因為你變了，可能是你的想法和觀點不同了，也可能你把注意力轉移到人生其他方面。總之，關鍵不在時間，而是在自己。

一位學生被女友甩掉，整個人崩潰了。書讀不下，飯也食不下嚥，經常以淚洗面。看到他已過了整整一年還沒有好轉的跡象，實在讓人不忍。

我把一面鏡子擺在他面前，要他好好想想：「你看看自己現在的樣子，父母千辛萬苦把你養這麼大，就是為了一個不愛你的人嗎？」

「自己不想走出來，就走不出來。自己不打開心門，別人也不可能進去。」我告訴他：「早點放下吧！人生沒有過不去的事，千萬別把一時的過不去看成一輩子過不去。」

回想一下，幾年前發生在你身上不得了的大事——不管是考試落榜、生病住院、親人離去、受騙上當或受人屈辱、遭人誣陷……當時你氣急敗壞，你沮喪難過，你哭過、喊過，好像天就要塌下來了。

然而在多年之後的今天，當你成長了，能以更成熟的眼光來回顧，你可能會一笑置之，為什麼？因為你蛻變了，汙泥已長出蓮花，你已經超越了。

沒有過不去的事情，只有過不去的心情。

要脫離痛苦，並不是「能不能」的問題，而是在於你「願不願意」。

想一想，那個人和那些事都已經過去，你現在的痛苦難過又從何而來？是不是你自己緊抓著不放，是你跟自己「過不去」，不是嗎？

時間不能治癒所有創傷，必須自己學會。

用愈短的時間放下，給自己留下的快樂日子就愈多。但是如果你認為你需要更多時間，你就會耗費更多時間，同時也會受更多苦。就看你自己。

所以，我才會問說：你要讓這情緒影響多久？

給自己一個期限

當我們難過，受打擊、悲傷、害怕時，可以允許自己失落，但要給自己一個期限吧。

三個月、半年、一年，在這段時間之內，你可以盡情悲傷，把所有不甘心、不快活的負面情緒盡情抒發，想罵就罵，想哭就哭都沒關係。

可是，哭過以後就要擦乾眼淚，繼續向前走。

PART 4

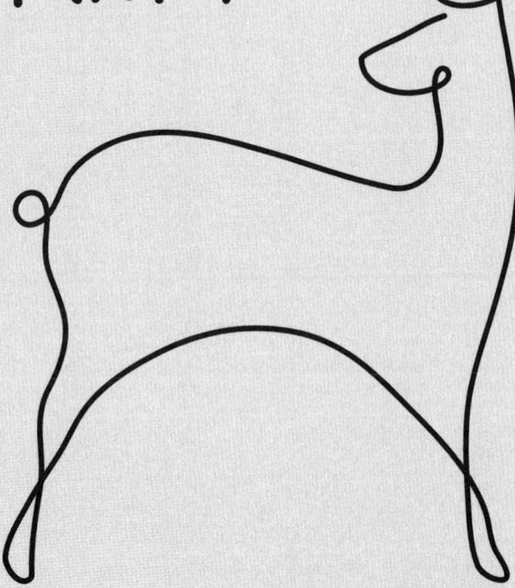

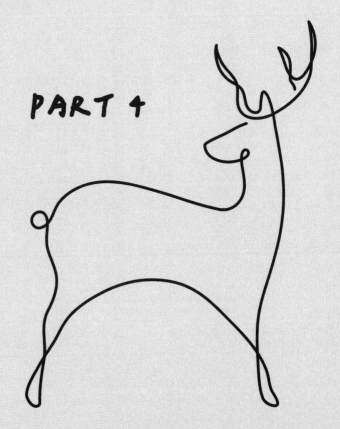

看懂情緒傳遞的訊息

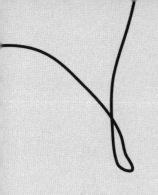

事實就是這樣

你是否有這樣的經驗，滿心期待某個美好旅遊，到了當天卻下起大雨，「為什麼早不下，晚不下，偏偏在這時候！」你感到挫折，並期待稍後會放晴。不過，過不了多久，你會發現，再怎麼沮喪，也不可能阻止天空降下雨來，你唯一能做的事就是接受它。

我們都知道與現實對抗沒用，如果你去抗拒，就會挫折沮喪——那是你自己創造出來的，因為你沒辦法接受已發生的事。

你說：「雨不該下個不停」、「我應該瘦一點」、「我老公（老婆）應該多關心我」、「孩子應該認真讀書」。

我們感受到的所有不快樂，都是因為我們與事實對抗。

當你生氣時，你氣的到底是什麼？是不是因為眼前發生的事不合你的意，某人做了一些你不喜歡的事，或是你遇到了某件不喜歡的事？

你覺得挫折沮喪，你為什麼挫折沮喪？是不是因為事情沒有按照你所想要的方式發生？當你痛苦難過的時候，你必定不願接受那個事實，所以痛苦難過，對嗎？

接受事實，並不表示你就此對自己的人生作壁上觀，而是接受內心才能獲得平靜。以下例子有助於瞭解：

大多數人都曾經遇過傾盆大雨，必須找個地方躲雨，當然，我們都會希望這場雨可以早點停止。但是如果雨仍持續不斷地下。於是我們知道遲早還是得面對。

我們走回雨中，全身濕透，我們發著牢騷，甚至咒罵著自己的倒楣，但這只會徒增不舒服而已。因此，我們不再期待雨停，而是走進雨中，去體驗雨天的別樣風情。

雨並沒有停，我們一樣全身溼透，但是我們面對事件的方式，卻改變了對整件事的經驗。

事實就是這樣。下雨就是下雨，你能如何？天氣熱的時候就是熱；你的伴侶脾氣不好，你的老闆個性怪異，你能怎麼辦？

真相永遠是一樣的。無論你接受或排斥它，事實都不會改變，會改變的只有你自己的心。

詩人陶樂絲．杭特說得好：「不帶批判時便是平靜。別無其他。當下在心的天地裡一切的真實都歡喜接納。」

人們總是期待許多事情：天氣改變、完美的伴侶、喜歡的職位；有些人期待有一天配偶會聽他們的，有些人等待老闆的賞識，有些人指望孩子突飛猛進，有人祈求心想事成……。

有一天你將會覺悟，並非事實跟你作對，而是你沒有跟事實妥協，那就是為什麼你的心一直無法平靜歡喜。

生活並不是期待風平浪靜，而是要去學習如何在風中飛翔，在雨中跳舞。

生命的眞相是不圓滿

宋代詩人蘇東坡所寫的詞〈水調歌頭〉有這樣的句子：「人有悲歡離合，月有陰晴圓缺，此事古難全。」

月圓，不久就會月缺；有花開，就會有花落。生命的真相就是不完滿。有人才貌雙全，卻在情路坎坷；有人夫妻恩愛，卻有嚴重不孕；有人家大業大，卻子孫不孝；有人看似幸福圓滿，卻有著不為人知的不幸。

沒有一個人生命是完美無缺的，每個人多少都有自己的缺憾。

有個人對自己悲慘坎坷的命運深感悲哀，百般無奈之下，他只能祈求天神能改變自己的命運。天神對他說：「如果你能夠在人世間找到一位對自己的命運心滿意足的人，我將為你改變命運。」於是，此人便開始出發尋找。他覺得對自己的命運感到心滿意足的人很多，應該很容易就可以找到。

首先，他去找他認為最應該滿足的人——國君。他來到皇宮，詢問國君是否滿意自己的命運，國君嘆道：「我雖貴為國君，卻日夜提心吊膽，寢食不安，我擔心在王位上能否長久，擔心國家能否長治久安。事實上，我沒有比一個流浪漢過得快活。」

那人聽了國君的話，不免感到困惑，於是他找上流浪漢。遠遠地看過去，曬著太陽的流浪漢看起來是那麼的滿足，那人覺得自己找對了人，於是上前詢問。流浪漢奇怪地望著他說：「你開什麼玩笑？我每天過著食不果腹、衣不蔽體的生活，怎麼可能感到滿意？」

那人還是不甘心，他到處探訪，詢問在各個階層、從事不同工作的人，但每個人都對自己的命運不滿意，人人都有所缺憾。

最終，這人也有所感悟，從此不再抱怨自己的生活。這時天神出現了，問道：「你現在是否還覺得自己的人生很悲慘？」

那人搖搖頭說：「不，我現在才明白，每個人的生活都有不盡如人意的地方。以前是我在苛責生活，才會覺得人生很不好。其實，在我的生活中有很多令我感到滿意的事，我現在很滿足。」

天神笑說：「看吧，你的命運已經在改變了。」

佛法常被稱為是一種受苦的哲學，這看似消極悲觀的哲學卻能幫人「離苦得樂」。其中的奧祕在哪裡？奧祕就在從一開始就瞭解世界是不圓滿的，既然是不圓滿的，那如果有什麼缺憾，也就不會因此而痛苦，因為它本來就不圓滿。

想像自己正走在一個無人的巷子，這時，如果有人惡作劇，突然從房子中衝出來尖叫，你的反應會如何呢？一定是驚嚇，對嗎？好，現在如果有人預先告訴你，你還會如此驚嚇嗎？

尼采有句話說得好：「參透為何，必能迎接任何。」

如果你覺得現在的生活過得不好，你就需要花很多努力來變得更好；如果你能了解人生就是這樣，當你接受所有缺憾，那麼你將變得愈來愈好。

如實接受，然後隨遇而安

一般人都想追求快樂，逃避痛苦，這當然是錯的。痛苦與快樂都是人生的一部份，你怎麼能只要快樂而不要痛苦呢？

如果你一直想避開痛苦，那你將很難快樂。這就好比白天與黑夜。有白天就會有黑夜。如果你拒絕了黑夜，只要白天，你將是痛苦的。黑夜並不會帶來痛苦，是因為你選擇了白天而拒絕夜晚，所以痛苦才會產生。因為無論哪一天，在哪個地方，黑夜總是存在的，不是嗎？

你說，這山峰很美，你可以選擇山峰而不要山谷嗎？你見過只有山峰而沒有山谷的山嗎？

你說，這朵玫瑰真美，但你不喜歡它身上的刺，然而如果把刺都去掉，這朵玫瑰還存在嗎？

所以，一個有真正了解的人不會去逃避，一個已經領悟的人不會去抗拒那些壞的、不好的或不幸的事。

一個成熟的人不會說：「我只要喜樂，我不想要苦痛。」那是不可能的，玫瑰與刺，就像快樂與痛苦是不可分的。

有學生說：如果這些難題都消失，我的人生就完美了。

我的回答是，沒錯，這樣就完美了，完美到——很無聊。

生活有酸有甜，才有體會；心情有悲有喜，才叫豐富；生命有苦有樂，才是人生。沒有那些苦難，你不會知道什麼是幸福；沒有那些不好的感覺，你不會知道什麼叫美好感受。如同打電玩沒有困難的關卡，很快就會乏味。

十九世紀英國作家王爾德（Oscar Wild）說，「有悲傷的地方，才會有幸福。世人大多無法了解這句話的意思。然而，除非你徹底去體會這層意義，否則一生將過得不明不白。」

白天如此美麗，那是因為有黑暗；生命如此燦爛，那是因為有悲苦。若沒有忍受艱苦，也就沒有苦盡甘來的喜樂。

有個人去問一個禪師說：「我們要如何避開冷和熱？」

禪師回答說：「嘗盡冷和熱。」

這是很有意思的一則公案，那個問話的人其實要問的是：「我們要如何避開痛苦與快樂？」用冷和熱來隱喻痛苦和快樂，那是禪宗表達的方式，而禪師的回答則是一語道破，要去避開最好的方法就是去面對，去嘗盡冷和熱。因為避免了痛苦，也就避開了快樂。

我們總以為保護自己免於痛苦就是對自己好，但真相是，我們只會更加恐懼、更加煩惱，更加痛苦。因為痛苦的產生不是由於事實，而是由於你無法「如實」接受它所造成。

如實接受，然後隨遇而安。勇敢地接受種種悲歡離合、喜怒哀樂交錯的生命，做你現在正在做的事，受你現在所受的苦，以歡喜開放的心來面對這一切。

生命的際遇並不都是美好經驗，但你可以讓經驗變美好。

一切都是爲了學習

生命，就像一所學校，你註冊了，各式各樣的課程在等著你。有些人也許會有感情的問題，另一個人可能會有健康的問題、人際的問題，或是財務上的問題。還有些人則是每種都會經歷。

人們常覺得不解，有時愈害怕的事愈常遇到；愈討厭、愈想避開的人，反而愈常碰上；愈不想面對的問題和麻煩，卻不斷地發生在你身上……那是因為你老是學不會。

一位關係失和的人，他可能遇到相同問題的折磨。他可能離婚，又再婚，結果又重複一遍過去的苦難。除非他能從中學會該學的功課——學會自愛、自重、自我接納以及接納他人，否則悲劇將一再重演。

問題是無知的一部分。誰會遇到問題呢？只有那些還不知道的人。所有我們將經驗的困難和挑戰，都是上天為我們最欠缺的能力所刻意安排的訓練——事情進展不順利，也許是要你學習耐心和順服；受騙了，也許是為了讓你學聰明；受傷了，也許是讓你學習堅強；痛苦了，也許是要你學會放下；失去了愛，也許是讓你學習愛，讓你了解愛。

每一種遭遇，每一個問題，都是為了讓你體會自己擁有的能力，體會你能從生活中活出更多的可能。

每一種狀況，都會開闊眼界，累積見識，一點一滴的成長，最終成長為我們能成為的最好樣子。

所以我常說，要把負面挫折轉成正面的禮物。並不是說人生沒有負面，而是有智慧把它轉成正面的，這是一個學習的過程。當你學會以後，之前的問題也就不存在，或即使發生也不再困擾或煩惱。

你可以回想一下，過去某個時刻，發生過你不了解的事。現在，當你以成人、更年長、更成熟的眼光回顧，有沒有發現自己從中學到什麼？可能你由那裡學到最多；也許因為那個經驗，你做了不同的決定，也許你改變了你的路，也許你選擇了不同的人生，對嗎？

沒有錯誤，只有學習。記得《靈魂符碼》（*The Soul's Code*）書中有句話：「人生沒有可遺憾的，沒有走錯的路，沒有真正的錯誤。用必然的眼光看，我們所作所為只是本來就要做的。」

在你人生的路上會遇到許多難題，那些功課是你的，你要去承擔。

走錯了，就當是在看風景；多走了，回憶裡就有更多風景。

只要勇敢迎風向前，並盡全力學習，把成長當目標，那麼你的人生將會因此改觀。

信任上天的安排

在讀這篇文章前，請停下想一下，你花了多少時間，努力讓事情如自己所預期地進行？

我想多數人都是這樣，甚至未經思考就這麼做了，因為我們相信唯有如此，結果才會變好。

但事實真是這樣嗎？你能很肯定的知道怎麼做才會是最好？不，你不能。

你可以回想生活中事情開始好轉的一些時刻。也許你獲得新工作；也許你遇到你的愛人；也或許事情峰迴路轉，讓你美夢成真。

你將會感到訝異，生命中許多好事都發生在最意想不到的時候。

「記得我第一次失戀時，我傷心欲絕，於是向上帝哭訴：您怎能如此對待我？」一位朋友對我說，「我當時不知道，分手後我會與雅妮相識，我也不知道日後我會和她結婚。如果我沒有失戀，我也不會參加那次聯誼會，我們也就沒有機會共同創造今天所擁有的一切。」

有個人遺失了一枚金幣，正當他在草叢找尋那枚金幣時，卻發現一個巨大寶藏，他原本找尋的並不是寶藏，而只是他遺失的那枚金幣。

同樣的，當你遺失某物，在你找尋的過程，可能找到另外一樣東西。

我們難免會遇到離開我們生命的人。也許這人讓你倒退不前，可能他讓你難以展翅高飛，或許是因為上天想把你帶入新的軌道，而這才是最適合你的生活。

猶太法典說：「上天所做的任何事，都是為了最好的結果。」

上天安排每件事必定有祂的美意，我們之所以會覺得懊惱失望，那是因為我們並不了解上天的整個計畫，也無法以較長的視野來看眼前發生的事。

承天禪寺的開山住持是著名的廣欽老和尚，他在生前經常倡導一句話：「好也笑笑，壞也笑笑。」

因為一件事情的好壞，不能只看當時。今天在你看來是件好事，可能明天卻變成了壞事；相對來說，在明天看來是個壞事，很可能到了後天又變成好事。

所以，不要判斷，也不要去譴責。信任上天的安排，並且抱持信心生活，相信每一個選擇都引領智慧。

過去，當我覺得事與願違時，我會想著：真倒楣，為什麼事情都不順利；我會想，這下完了，看要怎麼辦。

但現在完全不一樣……一切都還沒結束，我不會急著下定論。

有些時候，我也想知道，看看會發生什麼——我把結果交給上帝。

建議大家：當內心烏雲密布，晦暗不明的時刻，你可以在心裡觀想烏雲和天空，相信烏雲之後必有晴空，將激發一種更大的信心，因為，時候到了，烏雲自會散去。

堅持下去，相信希望

暑假上合歡山，可惜天公不作美，連續的鋒面使得天氣時陰時晴。剛才還是藍天白雲，須臾間雲霧襲來，壯闊的景致消失得無影無蹤。正感到失望，沒想到忽然雲開霧散，撥雲見日，從松雪樓遠眺屏風山，奇萊北峰清晰地呈現在眼前。

這出乎意料的景象轉變，在眨眼間徹底改變了我的視野。但是更妙的是，改變的部分其實很少；山巒景致還是一樣，只是雲霧散去，僅此而已。

我覺得這很像人生，有時看似愁雲慘霧，轉眼即海闊天空。

唐代詩人王維的〈終南別業〉：「行到水窮處，坐看雲起時。」當人不順遂時，路也變得崎嶇難行，如果我們能辨識出是自己置身低潮所致，懂得隨遇而安，或是心境改變了，往往煙消雲散，豁然開朗。

這故事我曾一再提到：有一名男子生意失敗，又和妻子離婚，唯一獨子又生病，幾乎經歷了所有人生的不順遂。他始終無法擺脫心中的沮喪，便到山中某間禪寺小住。

這間禪寺風景清幽，四周被竹林環繞，遠望能見群山峻嶺，仔細聆聽，還能聽見蟲鳴鳥叫，甚至遠處的瀑布聲。

儘管環境如此，但男子住了一陣子，煩惱仍如影隨形。更讓他感到奇怪的是，老禪師始終沒有跟他說些什麼，更別說對他加以開示了。

某天夜晚，山區下起豪雨。一向惜字如金的老禪師突然走到男子身邊，對他說：「你到外面看看，告訴我你看見什麼、聽見什麼。」

男子到外頭轉了一圈，回到禪寺後，禪師問他：「你有看到竹林、山巔嗎？」

「沒有，太黑了，我什麼都看不到。」男子說。

「所以什麼都沒有嗎？」禪師再次問。

「是的。」男子答。

禪師微笑地說：「不，不是什麼都沒有。外頭有竹林、群山、瀑布……其實一切都在。」

男子聽了恍然大悟。

當烏雲密布，從地面上看來，天空可能是灰濛濛的，好像太陽不存在。但是如果你搭飛機，一旦穿過烏雲，你就會發現太陽燦爛地照耀著。

有一首〈希望之歌〉（詞：張鳳儀，曲：曹登昌），深得我心——

當烏雲遮住太陽，當夜晚沒有星光
當淚水佈滿臉龐，當笑容全被隱藏
當歌聲不再嘹亮，當熱情成為過往
你是否懷疑自己，還有力量
有一種眼光，可以穿透烏雲看見陽光
有一種堅持，越在黑夜越要歌唱
有一種力量，在軟弱中更顯堅強
有一種希望，只要相信就會有希望
當玫瑰不再芬芳，當大雨不停的下
當勇氣失去力量，你是否相信希望

黎明並沒有離得很遠，但是在到達黎明之前，黑暗必須先被經歷過。在接近黎明的時候，那個黑夜會變得更暗。然而每個從黑夜走來的明天，都將會看到陽光再現。

親愛的朋友，在最困難的時候，你能不能堅持下去，相信希望。

你有快樂的自主權

誰在決定著你的快樂或不快樂？答案是——你自己。

「這怎麼可能？」你可能會想：「我卡在不幸的婚姻裡，我怎麼快樂？我的上司刁難我，我的孩子不聽話，我的媳婦不孝，我如何快樂起來？」

其實，問題就在這裡，「你一直說誰讓你不快樂，但是為什麼你不能讓自己快樂？」

一旦你把自己負面情緒歸咎於別人，等於要他們負責終結你的負面情緒，這正是你經常不快樂的原因。

在我收到讀者的信件之中，很多是跟我訴說他們不快樂的戀情，我發現，許多關係之所以破裂，最大的癥結往往在於其中一方認為自己的快樂是對方的責任。對方要是順他的意就高興，要是不順就惱怒，關係便成了無止境的怨懟與折磨。

倘若另一方也認為自己有責任讓對方快樂，也會過得很不開心。之所以不開心，是因為必須跟隨對方的喜怒哀樂，心情也跟著陰晴不定。

常有人抱怨說，為什麼對方在婚前婚後差那麼多？

其實，人依然是婚前那個人，只不過，彼此的認知變了——我們以為婚後對方理當會照顧我們，給我們幸福；以為婚姻是把自己交給對方負責，或是對方的一切換我們負責。

事實上，當你的快樂取決於別人，你的不幸也會取決於別人。

如果你等待丈夫或妻子、老闆或朋友給你想要的一切，你就是把力量交給對方；你等於讓自己陷入了可能的失望。就像一株被養在盆子裡的花，每天都等著有人來澆水。若主人忘了，就奄奄一息。

想拿回自主權，就是要為自己的快樂負起責任。問自己：「有沒有什麼事，本來是我自己的責任，但我卻怪對方沒有替我做？」

「當我對自己的情緒負責，」一個抱怨連連，使家人和朋友都無法消受的婦女表示：「我便不會再那麼沮喪；我會明白自己老是一臉哀傷；明白自己的不快樂只是一種怨恨；我了解自己只是想搏取別人的同情，我可以變得較快樂些。」

「若我接受自己，對自己的快樂負責，」一位酗酒的先生說：「我會不再抱怨我喝酒都是因為老婆的關係；我不會老是擺一張臭臉；我不會再一天到晚看電視，憤世嫉俗；我也許不再自憐；不會像現在一樣，傷害自己的身體；我會脫胎換骨，重新出發。」

當你開始負起責任，在剛開始的時候會覺得沮喪，但如果你能夠經歷過那個階段，不久你就會找回力量，因為現在你可以不必求別人，現在你不是奴隸，現在你已從別人手上拿回快樂的自主權。

有一次，我去一位朋友家，他媽媽認出了我，她說自從看了我的文章以後，她想通了：「我發現自己大半生都在求人。我期望我的公婆、親戚，還有先生和兒媳帶給我快樂。回憶過去，我看到自己大部分的日子都不快活。直到我終於瞭解快樂是取決於我自己時，我才快樂起來。」

這就對了！快樂，是靠自己成全。當你對自己的快樂愈負責，就會發現自己愈有力量，也更快樂。這也是我多年來的體悟。

只有你可以令自己惱怒

當我和學生在一起的時候聽到過無數被傷害或惹火的故事。

- 那個人真讓我抓狂。
- 他傷了我的心。
- 這事毀了我美好的一天。
- 要不是對方做了這個那個，我也不會……

聽起來是不是很熟悉？世上其他人都是這樣子，他們怪罪別人，而不是怪罪自己的感受。

我們常有錯誤觀念，「我的難過是某人或某件事造成」，也正是這種想法，一再讓自己陷在負面情緒中，久久不能自拔。

要脫離負面情緒惡性循環只有一個辦法，那就是要明瞭並記住：你是自己腦中唯一的思考者，是你的想法造成你的痛苦。

以前，辦公室內有個EQ低的同事，常常把氣氛搞得烏煙瘴氣，有天我實在受不了，因為他未經同意就翻動我桌上的東西。

我去找他理論，沒想到，他反怪我小心眼，還雷霆大發說：「我懷疑你拿走我的東西。」真是惡人先告狀。

後來，我突然意識到，何必跟「這種人」一般見識呢？

這位同事的壞脾氣讓人不悅，但他沒發現：真正讓他每天不舒服的人，其實是自己。

你無法控制他人的言行，但你可以控制自己對這些行為所產生的反應，而且這的確只有你能控制。

這故事許多人應該都聽過：

有位學生家長猛烈地羞辱一間學校的校長，這校長連眉頭都沒皺一下。許多老師私下向他請教，這種功夫有什麼祕訣嗎？

校長回答說：「如果有人寄封信給你，而不打開，你還會受內容的影響嗎？」

有一個病人告訴我說，他的主管給他很大壓力，我對他說：我接受了我主管給的壓力，而不是主管給我很大的壓力。這兩句話是不一樣的，別人可以給你很多情緒，你可以選擇要不要收。

這個世界能傷害我們的都不是外在的人事物，唯一能傷害我們的，是通過我們內心起的作用。

醫生每天看那麼多病人，為什麼不受影響？只要知道那個病不是你的，就不會被他們影響。你的心屬於你，不屬於別人。你不可能因別人做了什麼而使你難過，除非你讓他影響你，而使自己感到難過。

你的難過是來自你自己的腦子，你個人對這件事情的詮釋和反應，而不是來自別人的言行。

一旦明白這個重點，便知道繼續為你的想法生氣、苦惱或難過是很可笑的——就像寫一封罵人的信給自己，然後又被信中的內容所激怒。

雖不如意也快樂

就在幾天前，一位學生跑來找我：他的困擾是女友總是遲到。每次和她約在某個地方碰面，總是要等上半個小時。他問：「我要怎麼辦才好？我等得不耐煩了，所以當她抵達時，我的態度便有點惡劣。我懷疑她到底在不在乎我呀！」

「也許她也懷疑你在不在乎她，」我說：「男人等女人是很平常的事，女人在離家之前有太多事要做。你的問題是，當你在等待時，你卻想著不該在此久等，所以你就破壞等待的經驗。」

我建議他：「這段時間，你可以看看四周發生了些什麼事。或欣賞風景，拿本書來讀，看看手機都可以，何必堅持女友必須到來？」

選擇：

當你面臨一個自己無力控制，卻又打從心裡討厭的情境時，可以有兩個

你可以暴跳如雷、自憐自艾，然後把自己弄得身心俱疲。

你也可以放過自己，不再花大量的時間活在「自己的腦海裡」，去注意到周遭發生的事情。

記得有一回全家旅遊，孩子不小心弄丟了她極喜愛的手錶，遍地都找不到。於是我要她自己做個選擇。

「那支手錶已經掉了。」我說，「妳可以把這幾天假期，全部用來難過這支手錶，或者，妳可以丟在腦後，然後繼續和大家一起高高興興地度假。」

她很聰明的選擇了後者。快樂本來就是一種選擇，是一個決定。你決定要快樂，你就可以找到快樂；你選擇痛苦，就會找到痛苦的理由。

人生不是非A即B，而是A、B可以同時並存。意即兩種相對的情緒可以同時存在。

也許你與愛人常有衝突，這沒有什麼大不了的，你不必為此而不快樂。換個想法：「我們雖然不是事事意見相同，但是我們還是很愛對方。」

你可能常為自己訂下類似「要升某個職位、要賺到多少錢、得到某些東西、完成某個計劃」的目標，並因為沒達到而不開心。但你是否想過，為了追上你想要的目標，你犧牲了多少快樂？

如果抓不到甲蟲，還有溫暖的陽光，與淡淡幽香的樹葉；如果釣不到魚，還有河岸風景，與草上發亮的露珠。何必限定自己只有抓到甲蟲或釣到魚才能快樂？

放下「唯有怎樣才快樂」的執念。深呼吸一口氣，把念頭轉到別處去，看看窗外美麗的遠山，看看那藍天白雲，你對於眼前這片美景的感受，不應該為某人的錯誤，或是某樣東西的失去而化為烏有。

找找看，那個讓你痛苦的是什麼？那個害你心情煩亂的東西在哪裡？不過是你一念的執著，不是嗎？

人生雖不如意也可以快樂。快樂不是來自外在的人事物，因為它們不會永遠如我們所願。

就像免不了有下雨天一樣。你最好喜歡下雨天，喜歡下雨天的人一定會比不喜歡的人快樂得多。

多留意美好事物

不論任何時候，你的情緒都取決於你專注的焦點。

如果你行經公園，注意力放在垃圾桶上，喃喃抱怨到處都是垃圾，走起路來絕對不會快活。

但如果你選擇將注意力放在花花草草，感受就完全不同。

驟雨過後，你注意著每一個步伐，害怕太大的步伐會揚起水花濺髒了裙襬，深怕泥漿會弄髒了你的鞋子。

但若能抬起頭來，你就可以發現綠葉變翠綠，雨過初晴的天空真美。你已經創造出全然不同的體驗。

一首很老的詩：「兩個囚犯從監獄的鐵窗望出去，一個看到了地上的泥土，一個卻看到了天上的星星。」

在生活中你留意什麼，就會發現什麼。

作家諾曼・文森特・佩爾講起一個大霧瀰漫的早晨橫渡哈德遜河的經驗。渡船上擠滿了上班的乘客，都在咕噥埋怨這鬼天氣。他年邁的母親那天也在渡船上。她靠著桅杆站著，似乎一點也沒覺察到這陰冷的天氣，她說：「諾曼，你看這霧是不是美極了？濃霧籠罩中，鋼筋混凝土的高樓變得這麼柔和，樹木也顯得更加青翠欲滴，多美啊！」

他順著她手指的方向看過去。

「這樣一看確實很美，」他說：「我們所有趕早班的人看到了天氣消極的一面，搞得自己心情不好，而母親卻從中發現了美。」

人生不愉快的事總是有的，想擁有美好生活，並不是拿個袋子把頭罩住，或是咬咬牙就能把消極的思想趕跑，而是要學會多留意美好事物。引用靈性導師與作家瑪莉安・威廉森的話：「我們允許自己承認事情真的如此美好的時候，喜樂就這麼產生了。」

下次當你發現自己被負面的情緒控制時，不妨試做以下的練習。

1. 現在覺得難過，因為……。
2. ……的感覺是人之常情。
3. 我現在可以做什麼事讓自己快樂一點？

第一句是肯定自己的感受；第二句是提醒你，負面情緒是身為人都會有的經驗；第三句有助於你轉移焦點。

如果你不斷陷入低潮或沮喪的心情中，不如去找個比你遭遇更大困境的朋友聊一聊。要是你悶悶不樂，去看一部精采的喜劇片可能有幫助。

如果你正在生某人的氣，與其繼續思索他人的過錯，還不如去做點別的事情，像是翻翻雜誌、洗洗衣物、熱水澡、塗鴉、用筆抒情或是到郊外走一走，看看遠山綠水。當你注意力轉移了，情緒也就跟著改變。

有個學生在父親去世後消沉了好幾個月。我問她：「最近是否感覺好些？」

「沒有，」她說：「當我想到失去父親時，就覺得很傷心，只有在我專心做別的事，那傷痛才消失不見。但這讓我覺得愧疚，於是我又將注意放在傷痛的想法上，所以一直籠罩在悲傷中。」

「為什麼要把注意放在傷痛上，妳也可以懷念一些對父親的美好感覺和快樂的事。」

當焦點轉換，哀傷也從悲慘的遭遇變成了美好回憶。對待生活就像對待自己的照片一樣，要擺在最好的角度來看。

多留意美好的事物，你就會發現世界原來這麼美好。

你關注什麼，就吸引什麼

當我們檢視自己的情緒，就會發現我們一直處在起伏不定的狀態：一天開心，隔天沉悶；這一刻微笑，下一刻繃著臉。有時大而化之，有時連芝麻小事都能困擾我們。在這情緒變化底下，究竟是些什麼？

如你已了解的，同樣一件事，如果用不同的觀點去看，就會有完全不一樣的感受。

不同觀點來自不同意識層次。一般而言，在每個美好情緒下是感恩的高能量狀態，而絕大多數負面的情緒底下的是某種不滿足的低能量狀態。

有些人一直活在不滿足的狀態。他們滿腹牢騷地過日子，抱怨這裡不對那裡不好，老是注意自己缺了什麼——我不夠漂亮、不夠苗條、不夠聰明、職位不夠高、他對我不夠好、當然還有錢永遠賺不夠。可怕的是，就在我們心中存在著對現狀不滿的想法的那一刻，心就與較低的能量連結。

根據吸引力法則：「關注什麼，就吸引什麼」，你所關注的事情往往最有可能出現在你的生活當中，也就是你的意識和想法會吸引那些你所注意的事物。

譬如，當你看一個不順眼的人，愈看著他，你會感到愈不順眼；當你正在想一件令你困擾的事情，總是愈想愈困擾。

你注意力的焦點（你的意識）將變成你的真實存在。如果不斷地扮演受害者，保證你會繼續困在自己無止盡地散發出去的負能量之中。

幸運的是，反之亦然。如果你心中一整天下來想的是喜樂、平安、富足與感恩，這些想法就會讓你與同類事物連結。如果你將焦點放在生活中的好事上，你會發現好事。

所以，在你言談和行動前，請先仔細思考。每當你選擇負向能量時，也等於放棄了正向能量；當你專注在恨意時，就表示放棄了愛；當你專注在不滿，就會鬱鬱寡歡；當你專注在危險，就會活在恐懼中；當你選擇去看生命中失去的部分，就會活在沮喪當中；如果你老喜歡怨東怨西，那你就注定要哀怨一生。

凱洛琳・梅斯在其著作《無形的有力行為》中說過一個故事。

有一位年輕人變得十分消沉，決定回到自己的公寓自殺。當他站在街角等一輛車通過時，駕駛座上的女性正好看著他，展現出燦爛的笑容。那笑容充滿溫暖關愛，使年輕人相信世界上仍有善良，便打消了結束生命的決定。

一旦與較高的意識連結，就能從中獲得力量。

你必須經常這麼提醒自己：「我現在把自己的意識專注在什麼地方？」並問：「這是我想聚焦其上的能量嗎？」

以情緒作為指標，可以幫助我們知道自己置身哪一種意識層次。

若你心情是美好的，就意味著你專注在擁有的，而若你覺得心情低落，就表示你專注在自己欠缺的。

若你感覺是愉悅的，就意味著你置身正面思考；而若你覺得不愉快，就意味著你置身負面想法當中。此時就該轉念了。

平靜的心靈

許多人以為，我們生命能量的來源主要靠飲食運動，其實，真正的生命能量源於你的心靈。

不知道大家有沒有這種經驗，難纏的客戶和吹毛求疵的老闆，你累了一整天，下班回到家裡，整個家裡一團糟，你覺得很疲憊、厭倦，突然好友打電話來邀聚餐，你立刻精神一振。

你不需要做什麼，你甚至不需要喝杯茶或咖啡，疲倦就消失了，你變得精力充沛，跟朋友聊到半夜。因為你的低能量已轉變成高能量。

當心靈能量充盈，人會充滿旺盛的生命力及建設性，心境也會開朗、有朝氣。相反，當精力不足，會覺得疲憊，缺乏企圖心，對人、事、工作與困境等，都會有種無力感。

為什麼有人一直處在低能量狀態，很容易覺得疲憊，精疲力竭？即使是早晨起床的時候，也是很疲倦，這是因為我們能量一直在耗損。

最常見的就是愛生氣。你有沒有見過，一個人對另一人發怒後，會感到虛脫？

有時人發點脾氣很正常，壓抑情緒能量，就等於壓抑你本身的生命能量。但如果脾氣發得太頻繁、火氣太大、生氣的時間拖太久，就會產生不良後果。

其次，很多人一旦發現事情不如預期，常把人生虛擲在懊悔與憤恨中無法自拔；有些事已經無法改變，或是超出你能控制範圍，這都是在虛耗自己寶貴的能量。

又譬如，有些人在趕往機場或火車上，因為怕來不及，就每隔一會看一次錶。但是，頻頻看錶，飛機和火車也不會等你，路上的人車也不會讓路。這有什麼意義？

你必須問問自己：「這到底有什麼好處？」緊張焦慮並不會造成任何的改變，不是嗎？

通常我們心靈是散亂的，有些能量被紛擾的思緒所耗費，有些能量被不穩定情緒耗損，還有無以計數的能量被思慮、恐懼、懷疑、謾罵、憎恨、批評、欲望，以及胡思亂想、抱怨連連等等耗掉。就像一個有許多洞的水桶，每天你都裝滿水，但它很快就漏光。

要如何保存能量？關鍵就在「平靜的心靈」。當我們的心靜下來時，能量也就保存起來。

比方，當有人對著我們叫罵，我們的習慣是：罵回去，罵得更大聲。這樣做就是在對外放出能量。

我們都可以了解，只要有對抗就會有衝突，就會有對立，而衝突和對立，又會引發憤怒、怨懟、攻擊，然後就沒完沒了。

反之，只要讓自己心靜下來，什麼就會消失。

你不需要費心為自己辯護，只要沉靜下來，你的舉止本身，就是最好的說明。

你不去爭執，只要沉靜下來，正確的言語自然就會產生。

你不需刻意去控制情緒，只要沉靜下來，心自然平靜。

平靜即和諧。而當內心處在和諧之中，你將不會抱怨任何事。

你可以觀看自己是否經常抱怨，抱怨你的處境、抱怨別人，甚至抱怨天氣。抱怨的頭腦只是在指出你內在是不和諧，也不可能平靜。

威廉．布萊克說得對：「能量是種喜悅。」

如果你停止任何抱怨，高高興興地接受每一件事，不再耗費能量，你將會知道不抱怨的生活是多麼和諧喜悅。

放下完美，人生更美

快接近清晨二點鐘了，宜芬還在寫她的報告，今天中午得交給教授批閱。這已是第五次修改，稿子已經改得夠好了，但她還是覺得不如想像中的滿意。所以，她又把稿子撕了，從頭再來。

很多人逃脫不了不完美的糾纏。有時，會讓自己活得很累，別人不以為意的小事，在他的眼裡都無法忍受，哪怕是無關緊要的細節也不肯放過。

這種個性也會影響周遭的人，他們對人要求很高、很挑剔、很難搞、甚至是吹毛求疵。完美做過了頭，反而比不完美更糟。

有人說：「當一個人標榜他凡事要做到十全十美的地步時，他的容身之處就只剩兩個地方：一處是天堂，另一處是瘋人院。」這是真的。

《紐約時報》報導，曾以完美主義者為對象的研究發現，這種人在事情發展不如預期時容易緊張或失控，有罹患精神疾病的風險。

一些看似無關的精神疾病，如憂鬱症、強迫症或成癮行為，可能都和完美主義性格有關。

英國倫敦一間精神病院的院長對記者說：「在這間醫院裡得到精神病的患者，如果他們不再怪罪別人，且寬恕令他們引起罪惡感的內疚和過失的話，這裡的病人一半以上都可以痊癒出院了。」

我認識一位設計公司的老闆，她對下屬的要求特別嚴，一點錯都不能犯，而且很兇。後來因為失眠焦慮，得到精神官能症，每天都過得很苦，這陣子她改變很多。

我探問原因。她說：「我想開了，人的一生沒有多長，對自己或對別人要求那麼高有什麼用，到頭來做不好生氣的還是自己。現在我決定饒了我自己，日子好過多了，大家也落得輕鬆。」

其實「人生一點也不辛苦，不痛苦」，是你「把自己的人生搞得非常辛苦、痛苦」。

《接受不完美的勇氣》（遠流出版）的作者小倉廣如是說，他引用心理學家阿德勒舉了例子。

「有兩種方法可以通過高度僅五英呎（約一點五公尺）的門，一種是挺直身子走過去，另一種是彎身走過去，若是採用第一種方法，勢必會撞到門頂。」

也就是說，覺得「人生很辛苦、很痛苦」的人，就像挺直身子穿過門，結果就是撞到頭，要是能稍微彎身走過去，就能免受皮肉之痛。但大多數人都會怪罪「門太低」，而不是反省其實是沒有彎身的自己不好。

你覺得日子過得很苦，是你要求太高。達不到標準固然痛苦，然而，心念往往會聚焦在挫敗更讓人痛苦。所以，中國禪宗三祖僧燦大師才會說，真的解脫自在就是「對不完美無需憂慮」。

父親節時，兒子做了張賀卡給我。

我覺得圖畫得很好，只不過上色時，顏料有點不均勻。但是不論我跟他說我多喜歡這張卡片，他的心思就是一直放在上顏色不夠完美上面。

「不完美，真的沒關係。沒必要為了一點小問題就不斷認為自己很糟糕。」我告訴他：「你想追求完美，卻因為一點小瑕疵而不快樂，這反而是最大的不完美！」

古儒吉大師說過：「當我們喜悅時，我們不尋求完美；一旦尋求完美時，你即錯失了喜悅的源頭。」

放下完美，人生才會更美。

接受自己，接納別人

要擺脫完美主義的糾纏，關鍵在於接受自己。

任何人都有自己的長處和短處，接受自我，就是不但要接受自己比別人出色的一面，也要接納自己不如別人的一面。容許自己有可能犯錯，也會有黑暗的一面。

一個真能接受自己的人，也會接納別人，你會發現其他人也是充滿缺點的凡人。他們通常不知道這些行為所帶來的傷害（對你、對別人、對他們自己），即便他們了解，他們還是可能做這些事。因為他們的家庭和文化背景，人生境遇，以及過去的行為模式，都會讓他們這麼做。他們就像你一樣會犯很多錯，甚至一直錯下去。

我們都聽說，一個人如果不先愛自己，就不會真正地愛別人。如果你對自己嚴苛，也很難善待他人。如果你因為他們的行為而貶抑他們，你也會這樣對待自己。

批判別人，是源自於不接受自己；當你看到別人在做你不允許自己做的事情時，就會覺得不高興，然後開始批判、譴責。如果你對自己要求很高，你也將以同樣標準要求別人。

反之，會批判別人，就一定會批判自己，所以每一次批判別人之後，自己都會受傷一次。你沒發現嗎？當你責罵別人，內心往往更不快樂。

為什麼接受自己之後，比較容易接納別人呢？

以我的演講經驗為例：以前，看到有人在我演說時打瞌睡，我覺得這人真是懶散。

後來，有幾次在聽演講時，我自己也打瞌睡，這時，同理心就跑出來了。人要有同理心，寬容就會出現。我們本來就不完美，但這不完美並沒有什麼不對，因為這是人的本質。你說別人自私，但你真的都沒有私心嗎？你看到別人犯了錯，或做了你認為罪惡的事你就開始譴責他，而你從來沒有想到，你也有貪念，你也會犯錯、妒嫉、恐懼、憤怒……當你看到自己也曾犯下種種過失，諒解也就容易的多了。

人要活得快樂，就要有接納自我的能力。想擁有美好關係也一樣。巴關說：「改善關係，意味著接納別人真實的樣子，不試圖去改變他們。如果父母過去傷害你，寬恕必須發生。不是你寬恕了他們，而是你發現沒什麼要寬恕的；你明白父母也曾是個孩子，他們也曾被他的父母傷害過；因此，傷害一代接著一代。可能你的曾祖父身上發生過傷害，再到你的祖父、你的父親，然後傳到你身上。」

要學會寬容即使你是他們批判的對象。因為在某種層次上，那也是他們對待自己的方式。

要別人接受你的關鍵，你必須先接受自己的缺點。唯有真心接受自己，你才會真心接納他人。

要接納別人，是要先體會別人的感受，不是先保護自己的感受。

唯有當你真正面對過痛苦，你才能對別人說：「是的，我了解你的痛。」

讓別人做他們自己

我最不會做、不喜歡做的，就是要求或強迫別人去做什麼事。因為我自己也不喜歡被人要求或強迫。誰會喜歡？

想像有個喜歡聽音樂的人告訴室友：「這個音樂很好聽耶！」室友告訴他：「可是我很怕吵，我聽音樂就無法專心讀書。」愛聽音樂的室友卻自顧自的說：「你聽不出來嗎？這音樂怎麼可能會吵？」

你會覺得如何？

每個人都不同，對你而言，看來「就是這樣」，別人看來卻「未必這樣」。

我們浪費了許多時間與精力，試圖讓別人認同我們的見解，甚至想改變別人，就像要求或強迫你去做「不喜歡」的事，你會喜歡嗎？

所以，每當與人意見相左時，我會想：「我認為對的事情，真的就對嗎？放在別人身上，也是對嗎？如果不是的話，兩者要如何共存呢？」這樣的思考，讓我進一步有了包容和接納，於是，我不再堅持己見，也讓別人做他們自己。

想起一位老友和母親水火不容，每次放假回家撐不過兩天，兩人之間的戰火就會點燃，彼此甚至不願意對話。

有次我被請去當和事佬。由於他母親已近八十歲了，我心想，勸年輕人應該比勸老人勝算大。所以我問朋友，你為何不能好好相處？他說沒辦法接受母親做事方式，甚至在討論同一件事的時候，他們也無法認同彼此。

我問他，母親活到這把年紀了，期待她改變做事方式以迎合自己，這樣是否不務實？他想了一會兒，也贊同母親處事方式根深柢固，很難改變。於是他同意，儘量順應老人家。

就這樣，他學著讓自己更柔軟，不再試圖改變對方。

幾個月後，他打電話來，用很驚訝的語氣對我說：「奇蹟發生了！我老媽好像不再跟我唱反調，而且比較能溝通。這太神了，我什麼都不說，她反而改變了。」

溝通其實不難，但如果你是要改變對方，那是很困難的。

我們越想去改變對方，對方卻越難改變；越想要控制別人，越會在關係中失控。反之，你給別人多少自由，你就得到多少自由；當彼此愈自由，感情就愈親近。

不為什麼，因為你想做自己，別人也想做他自己。

假如我們真的是自己的主人，便會明瞭別人也具有相同的力量。並清楚別人不是我們能掌控的，因此不會有想控制別人的想法。

有位女士與我分享，在她參加過一門溝通的課程之後，整個人豁然開朗。每當她意識到自己又開始覺得先生應該怎樣才對的時候，立刻提醒自己放開那種想法，只是很單純的去傾聽對方的想法，以及他的感受。

她才恍然大悟：「我始終覺得他不應這樣，他不該那樣，可是，這就是他真實的樣子啊……何不讓他做自己，這種鬆了口氣的感覺真好！」

完形治療法的創始人皮爾斯寫道：「我做我的事，你做你的事，我活在這世界上不是為了你的期待，而你活在這世界上不是為了我的期待。你是你，我是我，如果在偶然間，我們發現了彼此，那很美好，如果沒有，那就算了。」

不要抱著這樣的想法進入關係裡：我可以改變這個人。你要麼就是接受他們原本的樣子；要不就走自己的路，過自己的生活。

當你不再想去改變別人時，關係是美麗的，因為你瞭解了每個人的獨特性。放手讓別人做自己，你就不會隨他們起舞。這樣又怎麼會有紛爭呢？

多愛自己一點

你愛自己嗎？你如何愛自己？

同事分享一篇網路文章〈靈性成長．吸引力法則大解密：真正愛自己〉，前面有段對話，我覺很有意思：

心靈導師：你——愛自己嗎？

一般大眾：廢話！我不愛自己，愛誰？

心靈導師：怎麼個愛法？

一般大眾：早睡早起、飲食健康、運動健身、美容敷臉、以購物美食慰勞自己……

心靈導師：很好，這些的確是愛自己，都是屬於「外在」的愛自己。那麼，「內在」呢？

一般大眾：什麼意思？

心靈導師：身體累了，你可以睡覺來愛自己。心累了呢？怎麼愛自己？覺得少了件衣服，你可以買衣服來愛自己。心少了什麼呢？怎麼愛自己？

一般大眾：沒想過耶！

心靈導師：再問你一次，你真的愛自己嗎？

一般大眾：……

是啊！真正愛自己，絕不只是點一頓大餐犒賞自己或在五星級飯店住一晚。而是必須從內心做起，否則吃完大餐，住過飯店之後呢？

要如何從內心愛自己？

一、接受自己的缺點。有人很難愛自己，因為他們無法接受自己的缺點，但是缺點也是你的一部分。當別人不喜歡你的時候，你要更愛自己一點，因為，如果連你都不喜歡自己，別人就更不可能喜歡你。

二、停止自責。這點非常重要。如果我們罵自己是失敗者或笨蛋的時候，你會有什麼感覺？你會覺得自己很糟糕，或對自己更不滿。可是，如果我們能用對我們所愛的人說話的方式，以及安慰朋友的方式來自我對話：你已經做得不錯，犯錯是人之常情，我永遠支持你。感覺是不是完全不同？

三、不與別人盲目攀比。不要拿別人的生活方式來衡量自己生活，因為你和你的人生都是獨一無二的，要怎麼比？羨慕或嫉妒都是沒有意義的，因為你不可能變成另一個人，也不可能過他的人生。

四、做自己，不迎合。生命太短暫了，不要浪費時間試圖取悅別人。別人喜歡你又如何，不喜歡又如何？人生是你的，重要的是你喜不喜歡這樣的自己。若是勉強自己，就算有人喜歡你，你也失去了自己。

五、為自己負責。我們無法改變別人，能改變的只有我們自己。壞的生活不在於別人的罪惡，而在於我們沒有為自己負責。如果連你都放棄了自己，就不會有人可以依靠。

六、自給自足。愛像棉被，真正使你溫暖的是你自己的體溫。不要依賴別人來滿足你的需求。既然這是你自己想要的，為什麼還要透過別人才能得到？

七、對自己好一點。如果別人沒有好好善待你，那是因為你沒有好好善待自己。只有對自己更好才會變出色，在別人眼裡就有價值。

八、相信自己值得。你知道有些女人永遠有人愛的秘密是什麼？只因為在她的心裡認為她是值得愛的。她認為她是，於是她就是。

有位讀者氣男友不在乎她，寫信問說：「我那麼關心他，為什麼他都不重視我的感覺，都不在乎我？」「他怎麼可以這樣對我？」

「或許是妳自己讓他這樣對妳。」我說：「妳認為某人不重視妳的感覺，但是當妳更深入去看這件事，也許會發覺。原來是妳讓他用這種方式對待妳，其實妳也不夠重視自己的感覺。妳覺得委屈，那是因為妳處處委曲求全；妳覺得他不在乎妳，那是因為妳太在乎他。表面上妳氣別人虧欠妳，但其實妳是氣自己不夠尊重自己的需求。」

我們總是苦苦的追求著「有人愛」，但自己卻不愛自己，或是為別人而失去了愛自己的能力。多傻啊！

這個人是我的鏡子

我們常會假設別人跟我們具有相似的特質。單純善良的人，以為別人也單純善良的；敏感多疑的人，常懷疑別人不懷好意；愛說謊的人，會懷疑別人也在說謊；小偷總認為每個人都是小偷。

心理學將這種現象，稱為「投射作用」。

《伊索寓言》中有這麼一則故事：一條狗嘴裡叼著一塊肉，經過一座小橋的時候，看見水裡有一條狗貪婪地盯著牠，好像想搶牠的肉，於是這條狗威脅地大叫，結果肉掉到水裡去了。這即是投射作用。

投射就是你所看出去的一切，都是你內在的顯現。例如，一個神經質的人看似懼怕別人，但其實他怕的不是別人，而是自己心中的憤怒和敵意。他非但沒看見心中的憤怒和敵意，反而將它們投射到別人身上，以為有人要傷害他。

再如，有些人對別人的批評相當敏感，即使別人並沒有批評的意思，卻經常「對號入座」。只要有人三五成群喃喃細語，就會神經質地認為他們是在談論自己。若是偶爾從那邊迸出笑聲，甚至會誤認為自己是被嘲笑的對象。如果聽了些流言耳語，便一股腦地認為，所有的議論全是針對自己而發。這其實都是投射在運作。

有位老師正在黑板上寫字，突然聽到學生在笑：「你們是不是在笑我？」

學生一本正經的回答：「不，不是！」

老師冷冷地說：「哼！這裡除了我之外，還有誰可笑呢？」

人最在意、最敏感的地方，往往就是最令他自卑的地方。

你會懷疑別人，那麼你必定也懷疑自己，你會不斷投射你的猜忌到你周圍的人身上。

所以，當你懷疑、批判別人時，馬上要意識到「那是我內心的投射」，也許是自卑，也許是懦弱、妒嫉、恐懼，也許是無知。你生氣、你批評的，其實是一面照出自己的鏡子。

我聽說，蘇俄的獨裁者赫魯雪夫有一次受邀到巴黎，去欣賞一個現代畫展，他是一個欠缺藝術素養的人，但由於對方盛情邀約，因而他就去了。

畫展裡有很多名畫，他看了一幅畫，然後說：「我真搞不懂，這幅畫看起來很醜，這也算名畫嗎？」

那個帶他參觀的人是很著名的藝術評論家，他說：「這一幅是畢卡索的畫，它是本世紀最美的畫作之一，但是它需要了解，它並不是那麼平凡，你必須提升你美感的水準和敏銳度，唯有如此，你才能夠了解它是什麼。」

他們繼續走，赫魯雪夫心裡覺得不大舒服，他從來沒有想過，竟然有人敢說他缺乏了解、美感不夠。

然後在下一幅畫面前，他站了幾分鐘，非常專注的看了看，然後說：「我認為這一幅畫一定也是畢卡索畫的。」

那個評論家說：「對不起，先生，這只是一面鏡子，你在裡面看到的是你自己。」

就像鏡子一樣，所有的人事物都是你內在的投射，了解這點，你對別人的看法就會截然不同——只有傻子或瘋子才會對照出他容貌的鏡子生氣。

陰影，是因爲我們還沒有照亮它們

當你覺得氣憤，認定你是被傷害的一方，是對方造成你的痛苦，在你準備指責對方，或要發作前，請先沉靜下來——向內看自己。

看看這傷痛是怎麼引發的？因為唯有在已經有傷痛的地方，別人才能讓你痛苦。

有人嘲弄你或打擊你，你聽了非常生氣，你說：「我最討厭人家這樣說我。」為什麼你如此討厭？

想想看，如果有人說你是酒鬼，你根本不喝酒，你會生氣嗎？你會覺得奇怪，「這個人怎麼了？他是不是頭殼壞了？他的話跟我一點關係都沒有。」

你不會被他的話影響，因為他的話對你沒有意義。

然而，如果你真的很愛喝酒，甚至視酒如命，那麼當有人這麼說你，你就會很氣。為什麼？因為他說到了你的痛處，對嗎？

痛處，就是心理學家榮格所說的「陰影」。

簡單說就是：我們不能或不願接受自己身上的某種面向，我們隱藏它們，是因為它們不是我們的理想形象，不符自己的期待。

要如何辨識？有一個簡單的方法，就是找出他人身上令我們厭惡的特質，仔細審視。當有人顯現「陰影」，我們會感到不快與不自在。

比方，如果你察覺到某人「自私」或「虛偽」，而你只是知道他有這樣的行為，但卻不會有特別反應。如果你對此人行為感到厭惡，或是想要批判，通常就是你的陰影。

另一個普遍的例子，就是父母不能夠接受自己的缺點（例如懦弱或粗心），當他們發現自己的孩子也有同樣的表現時，往往就會對孩子強烈的反應，立即去糾正孩子的表現。相對地，對於孩子其他方面的缺點，他們卻可能比較容易接受。

通常我們最受不了別人的部分，也正是我們最無法接受自己的部分。那些我們批評得最厲害的人，通常就是被我們否定、壓抑、抗拒的內在特質。反過來，別人對我們造成的傷痛也一樣，都是一種指引，他點出我們內在的陰影。

下回當你情緒生起時，先內省一下，看看這情緒是怎麼引發的？

有人說你無能，你聽了非常生氣，想想：你為什麼會如此生氣？是不是因為你也懷疑自己的能力？是自己過於敏感？還是自信不夠？

你厭惡某個人，為什麼？你討厭他自私，但你是否也有私心？你不喜歡他表裡不一，有時你也表裡不一？你說他「什麼事都不做」，是不是「你也不想做」？

一開始，你可能會為自己辯解，「我才沒有」，就像喝醉酒的人總喊著說：「我才沒醉。」原因很簡單，如果我們承認它，就不再是我們的陰影了。

要照亮陰暗面，坦然承認並接受自己的「陰影」，承認自己也有自私、粗心、虛偽、軟弱、失敗的一面。我們就不必繼續武裝自己，也不會為了別人幾句話就抓狂。

誠實接受自己的情緒

情緒是天賦的本能。情緒本身不是問題，如果情緒出了問題，有問題的不是情緒，情緒只是幫我們指出內在的問題。

舉個例子：某人批評你，你覺得憤怒，憤怒並非問題，導致問題的是處理憤怒的方式。

首先，你必須要去感受自己的憤怒。在氣頭上時，我們習慣的反應是發洩怒氣或隱忍。殊不知這其實是「不去感受憤怒」的作法。更糟的是，怒氣發洩了傷感情；若不發洩出來，問題更嚴重。

我見過這種模式一再地發生在許多男人和女人身上。女性壓抑太多情緒，很容易變得悲傷或歇斯底里；而男性壓抑太多情緒，就常會以暴怒與攻擊的情緒或行為表現。

一個向你發怒的人，其實也是壓抑某些憤怒，而當你也身處同樣狀態時，你也會以憤怒回應。

過去事沒了結，未來注定有心結。任何被整合到經驗中的情感傷痛，會隨時冒出頭。這種複雜的情感糾結，我把它簡化成一個簡單的循環——

我們不當的情緒都是過去未解決的問題所引發的。

過去的情緒累積成了憤怒；

沒有發洩的憤怒積壓心中，成了怨恨；

怨恨轉向自己之後，變成了悲傷；

悲傷引發恐懼，生出了抑鬱，變成沮喪的心情。

情緒和感覺之間的差別就是過去和現在之間的差別。強烈的情緒像憤怒、怨恨、悲傷、恐懼、沮喪和憂鬱等等，都是與過去有關。而感覺則跟現在有關。而當情緒較之引發的情境若是過度反應，便提供我們一個撫平過去的機會。

賽斯說過：「當我們感受到悲傷或沮喪等情緒時，先別去抗拒或否定它們，而是去接納情緒，跟隨它們進入心靈更深處，如此一來，身心反而能夠沉澱寧靜。」

就像一個好的客服人員面對顧客的憤怒時，想平息對方憤怒的方法，就是不斷地認同對方的感受和困擾，當顧客聽到服務員能夠明白自己的心聲時，很奇妙地，顧客的心情反而會平息下來。反之，愈不被接納的情緒，情緒的反應會愈強烈。

接受情緒的意思便是，不要用對與錯批判自己的情緒，只要去覺察自己感受到什麼。

你的胸口、腹部或腦袋裡是否感覺緊繃呢？只要感覺，並試著讓身體放鬆，吸氣、吐氣，感覺內心平靜與安寧。

如果你可以這麼做，那麼事情發生後幾分鐘，你就會覺得舒坦。

這是和我們的習慣背道而馳的作法。

過去情緒激動時，我們會開始怪罪他人，並對這件事下評斷：這個人很可惡、粗魯、傲慢、自以為是，於是你做出反應，也因此陷入惡性循環當中。

現在你反過來檢視自我：「先瞭解自己怎麼了？這情緒可能從何而來？」你可以問問自己：「我是真的生此人的氣，還是氣那個以前和我還有未解決事物的某人呢？我是真的生這件事的氣，還是因為此事令我想起過去我曾感到不愉快的事呢？」

接著讓緩緩浮現表面的過去人事進入意識層，以看清事實的真相，並將現在和過去的情緒連結起來。

瞭解自己「為什麼我會有這樣的反應」，才不會把不當情緒轉嫁給別人，或是在紛亂的情緒中隨波逐流。

說出心中的感受

有個學生跟女友去逛街，他告訴她說：「我等一下沒辦法陪妳。」結果，女友突然間生氣了，跟她說話都不太理人，「真搞不懂。」他納悶不解。

「她可能是希望你留下來，希望你能多陪她吧！」我說。

「可是她都不講，我怎麼知道？」

這就是問題所在。想想，你對某人生悶氣，但對方卻不知道你在氣什麼，這樣不是很傻嗎？

人越親近有時越疏離，因為我們都以為自己應該懂得對方，對方也應該懂自己，這樣的主觀想法，最容易產生矛盾。

我們常假定「如果真的愛我，就理應了解我的需求」，但愛並不會讓人具有通靈的能力。

參加學生婚禮，我常會問新人：「你對對方有什麼期待？」通常，他們會不加思索地說出自己的期待。

緊接著，當我問下一個問題：「對方對你又有什麼期待呢？」這個時候，他們就不知道從何說起了。

我們對別人會有很多期待，但是對方卻可能並不知道。即使結婚多年也一樣。因此，除非你已經告訴對方，否則絕不要說「他早該知道的」。

人際關係的問題往往源自於彼此不明白對方的需要，而構成誤解。

別人如果不知道你的感受，當然就不知道怎麼做，即使那是最愛你的人也一樣。當你把自己的感受、想法、期待和恐懼隱藏起來，就像種在土地上卻不肯發芽的種籽，看似受到保護，實則無法展現生機，最後在土裡腐敗。

當然，對人敞開心扉，就必須冒著受到反對及傷害的危險，但是我們若封閉自我，就無法更密切的連結和互動。

如果你曾經出國旅行，就知道語言不通會讓人多無助、多有壓力，有時候連最基本的溝通，像問路、飯店訂房，或餐廳點菜都會使人倍感挫折而焦慮。但如果你有這種經驗的話，就會知道：一旦當雙方瞭解彼此的意思，溝通清楚的時候，心裡就會立刻感受到一股放鬆與愉快心情。

雖然一開始向人表露並不容易，不過你可以藉著一次分享一點，減少你所感到的不安和脆弱，感受到其他的理解、支持、關心和愛。

只要你願意流露情感給人，很快就會發現更多的愛流向你。

我們又該如何表達呢？表達只是要對方明白我們的感受，而不是要讓對方為我們的感受負責。

今天朋友做了某件使我感到不舒服的事，你可以向他說：「因為——緣故，我很生你的氣。」「因為你做了——事，我覺得心裡很受到傷害。」「因為你——，讓我覺得很害怕。」讓對方瞭解我們因他的行為所產生感受。此外，在表達時，請儘量用「我」，而不是「你」的字眼。

例如，不高興時，你可以說：「你沒打電話給我讓我很難過」。而不要說：「你根本就不想打電話給我」。

你可以說：「你這樣批評我讓我心灰意冷」，而不要說：「你憑什麼說我？」「你一天到晚只會批評我！」「你跟你那無能老爸沒什麼兩樣，難道不是嗎？」

因為這些話並不是讓人瞭解你的心情，而是在罵人。

我經常建議伴侶們，要多鼓勵對方說「真心話」。讓對方知道吐露心聲是安全的，是一件很重要的事。

以這種方式了解彼此時，雙方就會越來越親近。即使會有衝突，但每經歷一次，兩人之間的瞭解便增長一分。

引用英國前首相班傑明・迪斯雷利的名言：「永遠不要為真情流露感到抱歉。當你這麼做，就是在為真話道歉。」

只要回到愛，正面的情緒就會自動顯現

「愛是什麼？」

「完全沒有恐懼。」大師說。

「我們的恐懼是什麼？」

「愛。」大師說。

人有各式各樣的情緒，但分析起來心靈深處只有兩種情緒：愛與恐懼，所有的正面情緒都來自愛，所有的負面情緒都來自恐懼。

比方，妻子準備晚餐，丈夫卻遲遲未歸，妻子很生氣。如果你進一步了

解，可能發現她是缺乏安全感；怕丈夫遲歸是怕他不愛她，怕他有小三。憤怒的背後其實是恐懼，恐懼的背後則來自對愛的渴望。

伴侶們常生氣說：「你老是加班。」「你說那些話。」「你老是往外跑。」這些「氣話」的背後，如果我們進一步探究，就可以發現，其實是掩飾內在對愛的渴望。如：

憤怒：你老是加班。

恐懼：我不如你的工作重要。

憤怒：你說那些話。

恐懼：我怕你不在乎我。

憤怒：你老是往外跑。

恐懼：你不在我身邊時，我怕你會拋棄我。

恐懼和愛是同一回事，只是表現的方法不同而已。

當先生害怕被太太拒絕，常會變得強勢或不耐煩；太太怕先生變心，常會變得善妒或佔有；當伴侶怕自己失去對方，往往就會以憤怒或不友善的態度來操控。

換言之，所有情緒都是另一種形式的愛。

遺憾的是，人們常被怒火沖昏了頭，一味執著於對方的表現，而忽略了內在蘊含的「愛意」，以致從恐懼衍生出憤怒、仇恨來對待彼此。

詩人泰戈爾說：「理解就是愛。」

當我們對人有愈深的了解，就會有愈多的諒解，這就是愛。

所以，你若真心愛一個人，想了解對方，就必須深入探究，對方為什麼會有這樣的言行？不要因對方的言語觸及你內心敏感處或弱點，就反擊回去。因為當你對某一個人有敵意，你就沒有辦法了解他。

高靈伊曼紐提供一個很實用的方法，他說：我們一天到晚在做選擇，你做每個選擇的時候，停一秒鐘問問自己：我這個選擇是出於愛還是出於恐懼？要臣服於愛，永遠選擇愛，而超越恐懼。比方：我對他說這些話，是出於愛或恐懼？我會去做那些事，是出於愛或恐懼？

要讓一切變得更好，只需要選擇愛。

我建議大家，每當遇到有關愛的問題，你可以這樣問自己：「如果是愛，我現在會怎麼做？如果是愛，我會怎麼決定？如果是愛，我會怎麼處置？」

是的，只要回到愛，正面的情緒就會自動顯現出來。

你不必試圖擺脫負面情緒，因為所有負面情緒都是缺乏愛，你只要把愛放進去。

不要試圖擺脫憤怒或妒嫉，當你把愛放進去時，憤怒和妒嫉就會消失。

你也不用試圖去改變別人，當你用愛對待，別人自己會改變。

觀看你的思想

這是本書最有趣的策略。首先，「觀看」你的思想，可能聽起來很奇怪，但如果你能好好運用這技巧，觀察和理解內在的思考模式，能覺察自己的心如何從一個想法轉變成另一種，也能覺察情緒的轉變，就不被情緒所紛擾。

人的情緒非常善變。我們可能這一刻感覺還不錯，但下一刻卻可能對某人感到生氣。通常感受一生起，好惡就隨之而來。如果我們缺乏覺知，在這瞬間，習性反應就會在心中一直重現、一直增強，最後化為一股強烈的情緒，支配我們的意識。

所以，許多古老的宗教傳統以及禪定常談到「靜心觀照」，西方心理學家稱為「分離的察覺」，道理在此。藉由「內觀」的練習，靜靜觀察你的念頭如何活動，把自己當作旁觀者，這樣就不會被情緒所控制。

有一則禪學故事：

一個和尚對他的師父說：「我是一個非常容易生氣的人。請您幫助我。」他的師父說：「讓我看看你的怒氣。」和尚說：「此刻我沒有在氣，我沒有辦法把怒氣給您看。」他師父回答：「那麼這個怒氣顯然不是你。因為有些時候，它根本就不存在。」

當你想有意識的去引發負面情緒，你是辦不到的。情緒只有在我們沒有察覺的狀況下才能控制我們。

一個人若是能夠時時觀察到自己的情緒，讓自己保持一個覺知狀態，隨著這觀察，你會開始看到自己的憤怒、懷疑和評斷。接著你會了解，既然念頭可以被你觀察，那麼顯然你的念頭並不是你。

如果你是個動不動就發怒的人。試試看，下回當憤怒又出現時，你只要當個觀眾，不要說「我很生氣」；說「我很生氣」意指我們認為「自己即是那個情緒」，生氣與我是一體的，而並非「我感受到一個情緒叫生氣」。因這個錯覺導致我們容易被情緒左右。

建議大家嘗試以指示代名詞「這」，來替代人稱代名詞主格「我」，比如「他讓我生氣」，改說成「這是生氣」；「我很焦急」，改說成「這是焦慮」；「我很憂鬱」，改說成「這是憂鬱」等等。

只是看著它，像看一部電影一樣。你沒有參與那部影片的演出，你是旁觀者。你就以同樣方式來觀察你的念頭的活動。

憂鬱出現，你看著；憂鬱籠照著你，像團黑霧將你包圍起來，你看著，不要去對抗，如果你對抗，就會增強它。只是看著。

然後悲傷出現，只是觀看，看看是誰在悲傷，只要不去認同或參與劇情，情緒自然不起波濤。

你可能對某些事感到很焦慮，只要觀看，這並不是說那個焦慮不存在，而是不去「入戲」。就像我們可能在看舞台上演出的戲劇，並感覺到它影響我們的情緒、思想與身體感受，但我們從來都不會忘記，我們只是觀眾。

當你能夠目睹到情緒的發生，在那個觀察過程當中，你會了解：「我不是這個情緒。」你就超然，你變得跟它有一個距離，你就不會陷入其中。

心靈導師佩瑪．丘卓說：「你就是天空本身，其他一切則只是天氣變化而已。」

有你不喜歡的事發生，就觀察你的不喜歡，別被它惹惱。

發生令你失望的事，就觀察你的失望，別為它失望。

多年來，我學習隨時隨地去覺察自己的意念，我發現，當我們對於自己的起心動念逐漸變得更覺知後，很少受控於情緒。

當我發現，我的不耐煩的只是自己的念頭而已——這個不耐煩就開始瓦解了。

快樂，就不要想太多

當你沒有想到任何事，你會不快樂嗎？

請想想你的鼻子，在你想到鼻子之前，你的鼻子在哪裡？沒有想到鼻子時，鼻子便存在，即使鼻子就在你眼前，但當你不去想它，它就不存在。

你曾想過煩惱是怎麼來的嗎？如果沒有思考，你要如何煩惱？如果你不去想不開心的事情，你會覺得不開心嗎？那是不可能的，你必須先有想法。

假設有個人走過來瞄你一眼，會發生什麼事？

那人只是瞄你一眼，就這樣而已。然而你卻想著：那人為什麼如此無禮？為什麼他要過來瞄我？要不要報復？要如何回擊？

人的不快樂就是這麼來的。如果你不把他當一回事，也就什麼事都沒有。

話說韓國元曉法師，唐朝時候到中國尋師訪友。沿途吃了不少苦頭。一天晚上，他睡在郊外墳地，半夜很渴沒有水喝，看到旁邊廢墟亂瓦中有一些水，就把水捧起來喝。啊，真是美味啊！然後他深深一鞠躬，感謝上天的賜予。

隔天清晨法師醒來，一看這是從死屍流下來的水，突然一陣噁心，他張口要吐未吐之際，心就開悟了。

不看不想時，昨天的水是甜的，今天早晨看了想了，才令他作嘔。啊，他體悟到，「一切唯心造」。

曾聽一位師父說，以前他住的地方有很多蛇，有位居士一進門檻就有一條蛇，掛單時一直確認沒有蛇才敢入門睡，結果隔天師父叩門請他起床吃飯，發現那位居士還坐床上，不敢出門，因為怕門外有蛇，結果發現他身旁的床上有一條蛇陪他睡了一個晚上都沒事。

原來，怕是自己想出來的，不想也就不怕。嬰兒單獨睡覺，即使房間再大，光線再暗，位置再偏遠，也不需要有人陪伴。

我們如何想、想什麼，是決定我們經驗的唯一因素。

在醫院常看到人們歷經身心煎熬。我觀察發現，當病人只有肉體的痛處時，都沒有問題。但是當他們開始對病痛起了念頭，覺得自己很可憐，想著自己很悲慘不幸時，他們就開始覺得哀怨悲苦。其實這苦也是想出來的。

人不快樂，就是想太多了。

釋放法創始人萊斯特．雷文森一定很有體悟，他說：「大多數人藉由社交與娛樂暫時脫離苦痛，然後說這是快樂；其實只是逃避而已！他們受不了孤獨一人、受不了跟自己的思想獨處，所以跑去看電影、上夜店、找朋友，只是希望能有點事可做，這就不必面對自己的雜念。當他們的注意力不在自己的思想念頭上時，他們會感覺好一點，然後把那種狀態稱為快樂。」

我完全同意，思想是問題的根源——你一直想著那件事就是你不開心的原因。

人們總是說：我很容易把一件事情掛在心上，只要想到那件事就很煩，每次想到那個人就很氣，一想到某些問題就很不開心，常常會想太多，每天翻來翻去睡不好。換言之，只要不去想，也就不再煩憂難過，也就不會睡不好，不是嗎？

就像現在當你沒有想任何事的時候，你會生起任何煩惱嗎？

PART 5

讓自己好起來的情緒處方箋

憂慮的時候，列一張憂慮清單

列一張「憂慮的清單」

第一步，拿出紙筆，列出一張「憂慮的清單」如下。

- 孩子學業跟不上．工作被「炒魷魚」
- 沒錢繳貸款．身體有異常現象
- 公婆要到家裡住

第二步，針對清單上每一個憂慮，寫出「這件事為何令我憂慮」，每一件憂慮都寫出你憂慮的理由。

哥倫比亞大學的赫克斯（Herbert Hawkes）教授說：「有一半的憂慮是由於一知半解就做出決定造成的。」

解決問題一定要先了解問題，否則無從下手。

第三步，在每個問題的旁邊寫下一個你認為可以解決的方法。

心理學家明尼尼博士表示：「人會擔憂，通常是因為無力解決問題。一旦採取行動，就能夠改變情況。不再有無力感，也就不再憂慮。」

如果發生的事真的是能力所不及，要記得告訴自己：「該做的我都做了，剩下的再擔心也沒用。」把這類憂慮從清單上劃掉，讓自己往前看，不再原地踏步。

問自己：「這件事發生的機會有多少？」

問自己：「這件事情發生的機會究竟有多少？」「可能發生的最惡劣情況是什麼？」

通常你會發現，事情不可能壞到那樣，你只要定義清楚，並且把後果考慮一遍，往往就能夠降低問題所帶來的壓力與害怕。

既然你已做了最壞打算，就要想著如果真的發生了，便只有接受它。一旦你決心「接受這種結果」，那麼，剩下來的便沒有什麼好擔心的了。

你必須記住

- **擔憂於事無補。**

如果問題有辦法解決，就用不著擔心；如果解決不了，更不需要擔憂，因為你擔心也於事無補。

- **擔憂的事很少會發生。**

根據研究，我們所煩惱和憂慮的事情當中，約有一半根本不會發生，有百分之三十是既定的事實；剩下約百分之二十幾則是無關緊要的小事。這麼結算下來，就只剩不到百分之十。換言之，在我們所擔憂的事情有九成是杞人憂天。

- **無法控制的事，交給上天安排。**

生命中有太多無法掌控的事，我們都必須學會放手。將難題交託給比自己能力更大的力量，心裡即如釋重負。

憤怒的時候，先問三個問題

先問三個問題

如果發現自己開始動怒時，不妨深深吸一口氣，並問自己：

1. 這件事真的嚴重得要發那麼大的脾氣嗎？

2. 我生氣是否有理？

3. 發怒有用嗎？

如果任何一條的答案都是「否」，就請冷靜下來。

停止堅持「他應該」

生氣的人總認為是別人的錯——因為別人不應該這樣、不應該那樣，因此有十足的理由逼得自己不得不生氣。

比如說：東西應該放在那裡、事情應該這樣做、伴侶應該瞭解我的需要、朋友應該挺我……結果不是這樣，你會感到惱怒，對嗎？

我們必須分清楚，到底是問題圈住了我們，還是我們自身狹隘的想法限制了自己。

當我深信那些想法時，問自己：

「是誰說事情『應該』這樣？」

「緊抓這個想法對我有幫助嗎？」

一旦你不再堅持，問題也煙消雲散。

暫時閉口

生氣時往往都不夠理智，氣話總是脫口而出，所以反應不要那麼快，先暫時閉口不說話，然後數數字從一數到十。

這方法源自美國第三任總統傑弗遜，他說：「生氣的時候，先從一數到十再開口說話。如果非常生氣，就從一數到一百。」這是他認為最簡單有效的方法。

試著延緩發怒。如果你正在發怒，試試看延緩十秒鐘，最初的十秒是最關鍵性的，一旦過了，你的怒氣大多即能消弭。下一次，試試延續三十秒，不斷加長這個時間，下一次，再試著延緩一分鐘，不斷加長這個時間，一天、一星期、甚至一個月才生一次氣。

一旦你能延緩發怒，你便已經學會了控制。

多加練習，最後就能完全消除。

你必須記住

・少說話，少做決定。

當人在氣急之時，不但思慮不成熟，情緒一發不可收拾，表現失態，而且常說出了不想說的話，做了不適當的決定，傷了別人，也傷了自己。憤怒的後果，遠比它的原因更令人擔心。

・做情緒的主人。

別人對你的態度不是你能掌控，但你可以自己作主，對這件事情怎麼反應。你可以選擇你的態度——生氣、火冒三丈，或冷靜、淡然處之。選擇權在你手上。

懷恨的時候，寫下這件事對你後來的幫助

承認自己受到傷害

寫下讓你生氣或讓你覺得受到傷害的人。

列出所有你所痛恨，或是覺得受傷害的事情。

在你寫這些時，感覺怎樣？

我們受傷的部分多半都與情緒有關，所以首先要承認你心裡面的害怕和創傷、承認心裡產生的憤怒或悲傷，接受感覺，並允許自己去感受它。

當傷痛被療癒了，寬恕才會來臨。

站在對方的立場

試著退一步，以對方的角度看事情，看到對方和自己一樣，是一個凡人，有時會衝動、會失常，有時會懦弱、會暴躁，有時也會計較，也會考慮欠妥……難道你沒有過嗎？

當你能將心以心，寬容也容易得多。

寫下這件事對你後來的幫助

如果你想原諒以前得罪你的人，最好的方法是拿一張白紙，寫下當時的經過，把重點擺在正向層面上。

尤其要寫下這件事對你後來的幫助：

- 你的人生因為它而變得更美好嗎？
- 你因為它而更認識自己和這個世界嗎？
- 你發掘到一些以前不知道的長處嗎？
- 你變得更有同情心嗎？
- 你從中學到什麼？

用這種方法寫下事件造成的正面影響，將有助你轉化觀點，化解仇恨。

你必須記住

- **寬恕是要先從自己的內心開始。**

惟有寬恕了自己，我們才能寬恕別人，或接受別人的寬恕。

- **寬恕並非為了對方。**

著名黑人人權領袖馬丁・路德・金恩說：「『以眼還眼』這條老法則，結果是大家都瞎了。」當你想讓他「難過」的時候，你自己有好過嗎？你抓一把垃圾丟別人，先弄髒的人又是誰？是你自己，對嗎？

- **學會愛自己。**

如果你懂得愛自己，你就不會為了一個不愛你的人而傷害自己；如果你懂得愛自己，你就不會為了恨那個人而侮蔑自己的靈魂；如果你懂得愛自己，你就不該繼續浪費你的生命。

挫折失望的時候，拉長時間看

拉長時間看

不論遇到任何問題、挫折、失敗，如果你不想讓痛苦延續或繼續陷入困局，你可以這樣問自己：

「十年後我還會在意這件事嗎？」

「十年後再回頭看這件事，我會怎麼做？」

當你這麼一問，你就能跳出問題，把眼光放遠，如果你能想像自己在十年後再回顧今天所發生的事，你將會有全然不同的反應和作法。

就像你把手拿遠一點，視線就不會被遮住；當你把事情放遠來看，問題就會顯得十分渺小；你就會發現，其實也沒什麼大不了嘛！

有什麼，就享受什麼

如果事情不是你喜歡的那個樣子，那就去喜歡事情的那個樣子。

人生的幸福不是從你想獲得什麼而來，因為世事總是無法盡如人意，真正的快樂是來自於「有什麼，就享受什麼」。

當你得到想要的東西，那很好；如果沒得到呢，那也沒關係；當結果是你希望的，去享受它，如果結果不是你期望的，也去喜歡它。

你必須記住

・一切隨緣。

是你的，不會失去，就算失去了，也會在隔些時日以另一種方式回來；不是你的，求也求不到，縱使求到了也是稍縱即逝。凡事盡心就好，其餘的，一切就隨緣吧！

・此事也將會過去。

人生無常，成敗得失來來去去，苦不會是永遠的苦，樂也不會是永遠的樂，都只是暫時的現象。沒有永遠過不去的黑夜，也沒有永不到來的白天；當愁霧散去，又是清澈明淨，此事亦將會過去。

放不下的時候，扛著背包走

扛著背包走一天

當你放不下某個情緒時，可以嘗試看看這個方法。

用一個背包裝滿著物品或書本，（用來代表你放不下的人或事），找一天有空的時間，不管到哪裡都隨身帶著這個背包，藉此感受這個額外「包袱」加諸於你的重量。

在結束一天的行程後，將這個袋子裡的東西一一取出，然後想像一下如果你放下這些情緒，將會是什麼感覺。

當你把這些東西回歸原位時，問自己：「我還要繼續背著它們嗎？」

不緊抓著不放就好

暢銷書《塞多納術》（*The Sedona Method*）作者海爾多斯金（Hale Dwoskin）曾如此解釋和示範過「放下」，我覺得很受用，當負面想法和感覺緊抓不放時，你也可以試試看。

首先拿一枝筆。

現在，將筆緊握在手裡。筆代表你的想法和感覺，而手是你的知覺。你注意到緊握著筆很不舒服，但過了一陣子，就會開始覺得習慣。你感覺到了嗎？你的知覺也是用同樣的方式緊握住你的想法和感覺，最後你會習慣，甚至不知道自己這樣緊握著。

現在把手打開，用筆滾過手掌。注意你的筆和你的手並沒有黏在一起。

你的想法和感覺也是如此，它們並沒有黏著你。

現在把手翻過來，讓筆掉下去。發生了什麼事？筆掉到地板上。這很難嗎？不難，你只要不再緊抓著不放就好。這就是「放下」。

你必須記住

- **遭遇是別人造成，難過是自己造成。**

生命中的遭遇，我們也許無法逃避，但是因為想法所追加的痛苦，卻是可以避免的。

- **你不是無法放下，而是不願放下。**

如果你有什麼「放不下」，你必須先深入內在，去看看你放不下的東西，究竟是它們抓住你，還是你抓住它們？能夠看清這點是非常重要。一旦你了解到原來是你抓著不放，要不要放下，就看你自己了。

感情失和的時候，把對方當陌生人

把對方當陌生人

現在起，把你的朋友、你的伴侶當成陌生人，你們就不會有那麼多問題。因為你無法從一個陌生人那裡期待任何東西。

如果他是個陌生人，你怎麼可能要求他做什麼？你怎麼能夠限制和控制對方？你怎麼能夠要求對方要合你的意？

列出十個缺點，不予追究

沒有人是沒有缺點的。

你注意過那些感情融洽，婚姻幸福的人嗎？他們的伴侶和家人並非都是完美無缺，他們之所以會美滿幸福，那是因為他們願意接受彼此的缺點，所以那些缺點也就不影響；由於他們不要求對方改變，所以問題也就不會發生。

如果你一時做不到，那就先列出你最厭惡對方的十個缺點，試著去接受。之後當他犯錯，如果是這十個缺點之一，因為你已接受了，就不予追究。

而如果他犯的是其他的錯，你可以這麼想：「既然最難容忍的缺點你都接受了，這點錯就算了吧！」

你必須記住

- **你就是自己期望下最大的受害者。**

愛一個人為什麼會那麼辛苦，是不是你自己設下了太多的標準？愛一個人為什麼失望痛苦，是不是你對別人有太多的期待？除非你不再去創造那些期望，否則你很難停止受傷害。

- **愛不是改變對方，而是要成全對方。**

你想去改變對方，那是因為你不喜歡、你不愛，所以你才會想去改變。如果你真的愛他，你就不會改造他。

當寂寞的時候，主動伸出友誼的手

主動伸出友誼的手

寂寞表示你需要別人，而渴望別人的感覺就是寂寞。

所以，要盡可能跟別人多相處，多跟人接觸。特別是要主動去關心他們、去愛他們。去看看你能幫助什麼，趕快設法找一個起點。

在什麼時候？什麼地方？怎麼做？答案是，在最需要你的時候，到最需要你的地方，做最需要你的事。

在幫助別人療傷的同時，你也使自己痊癒。將你的手伸給寂寞的人，你便不再寂寞。

學會喜歡自己

寂寞表示你無法單獨與自己同在。心理學家說得更直接，寂寞是不喜歡你自己。當你不喜歡自己又必須面對自己，那就是寂寞讓人害怕的原因。

每個人都必須面對自己。因為大部分時間相處的人是你，其他的人，無論多麼親密或和你多好，都不可能時時刻刻跟你在一起。而且有一天，因為某種原因，他們都會不在你身邊。

由於你一生的所有時間都必須與自己相處，你當然要學習喜歡自己。一個對自己感到絕對滿足的人，即使別人不在，也可以享受自己。

當你愈喜歡自己，寂寞就愈不可能存在，因為你與自己同在。

你必須記住

・**要化被動為主動**。

只關心自己的人，比任何人都要孤獨；只愛自己的人，比任何人都要寂寞。所以，你必須主動把自己奉獻給別人，而不是等別人來給你什麼。

・**學會享受孤獨**。

孤獨是一種享受，可以享受自己私人的空間，看自己喜歡的文字，聽自己喜歡的歌；孤獨可以仔細的看看自己，認識自己，找回自己。懂得欣賞孤獨的人，才會享受孤獨。

煩亂的時候，緩慢規律的呼吸

緩慢規律的呼吸

情緒的改變會立刻表現在呼吸上。當我們緊張不安，呼吸就會變得又淺又快；當憤怒和情緒激動時，會產生淺短的吸氣、嚴重喘息的呼氣；當害怕時，呼吸會變得淺短急促且不規則。

當我還在急診室實習時，老醫師教我們如何使情緒激動的病人鎮靜下來。方法很簡單，只需要坐在病人身邊，請他跟著你緩慢規律的呼吸，一旦呼吸的節奏逐漸恢復規律，身心也跟著放鬆下來。

一次只專心做一件事

要讓失焦的生活變專注，最簡單的生活方式就是——一次只專心做一件事。如果讀書，就專心讀書；睡覺，就好好睡覺，與人聊天，就專心聊天……不要再去想別的事。

伊納爵．羅耀拉有句格言：「一次只專心將一件事情做好的人，做的比所有人都還多。」

一次只做一件事，不但能完成最多重要的事，所花費的時間也更少。

請回到此刻

拿一張「此刻，我在做什麼？」的小卡片，隨時提醒自己專注在現在所做的事，「此刻，我正在讀書……，此刻，我正在散步……，此刻，我正在睡覺……，此刻，我正在和朋友聊天……，此刻，我正在品嚐甜點……。」

我常提供這種「生活禪」給學生：如果你想到過去不愉快的事，請把注意放回到此刻。如果你擔心的是未來的事物，也請回到此刻。只要你能專注活在此刻，心就不可能煩亂。

刻意「慢半拍」

人在匆忙緊張時，步調自然會加快，這時你可以刻意讓自己放慢步調。像南非著名高爾夫球選手，曾四度奪下英國公開賽冠軍的洛克（Bobby Locke）他就有個習慣：在比賽當天，不論梳洗、穿戴、吃早餐、刷牙，每個動作都刻意放慢速度，好讓自己達到最穩定的狀態。你也可以試試！

你必須記住

- **把手上的事做好。**

站在一個十字路口，不知該往哪走？徬徨迷惘，不知道該怎麼做，也不知道下一步該怎麼走？那就把手邊的事情做好吧，只要做得夠好，自然會看到好的路。

- **把今天過好。**

不必憂慮太多未來的事，未來是由現在所產生出來的。如果你能照顧好現在，那你就等於是照顧了未來。你能為未來所做的最好準備，就是把今天做好；如果你希望明天會更好，你應該做的就是把今天先過好。

患得患失的時候，學習無求無我

學習無求

當你對別人無求，當你看到別人沒做到該做的事，你不會介意，因為你不期待他做或不做任何事；當你沒得到你想得到的，你不會挫折，因為你不期待得到任何事。

當某人不符你希望的時候，你不會失望，因為你不期望。

一旦你不再去創造那些期望，你的心就會平靜下來，你將發現原來你就是自己期望下最大的受害者。

學習無我

當你在意某人或某事時，想想看，你真正在意的是什麼？是不是你自己？你太乎你的所有物，你的利益、你的形象、你的原則、你的期待、你的面子、你的表現……對嗎？

當你一直想著自己，自然會變得封閉，你很容易就陷入「我執」，陷溺在自己的焦慮、憤怒、痛苦、挫折、抑鬱、嫉妒和怨恨裡面。

反之，當你忘了自己，連帶許多煩惱和問題也跟著忘了。

站在較高的地方看看自己

是的，高度可以幫助我們轉化態度。你可以登山或站到高樓上，然後從那裡向下俯瞰隔著一段距離的世界。這種視覺幻想能幫助我們改變觀點。

你也可以閉上眼睛，想像自己變成一隻飛鳥，把自己抽離出來，從空中鳥瞰整個事件。

你也可以想像自己的意識已經脫離身體，站在高空的熱氣球上，俯視自己，然後，想像你飄到一千公尺高的空中，再也觸碰不到你的麻煩和困擾。

再慢慢升高，你會看到房子、車子變得愈來愈小，再往上，你會看到河流、高山、雲霧，都在你的腳下。

這時把意識再拉回到自己身上，你將發現原本的問題也變小了。

你必須記住

・不要對別人期待太高。

在關係裡面，愈不在意的人，擁有愈大的主導權。有些人什麼都沒得到，那是因為——他們要求太多了。

・不要把自己看得太重。

英國作家卻斯特頓說：「天使之所以能飛，是因為他們將自己看得很輕。」你覺得生活沉重，那是因為你把自己看得太重。人們常說：「我放不下」。你愈在乎自己，就愈放不下，因為你真正要放下的就是那個「我」。

懊悔的時候，首先要「問對問題」

首先要「問對問題」

大部分的人在面對困境和麻煩時，都習慣問自己這類的問題：

「我為什麼會碰到這種事？」

「為什麼我老是犯錯？」

「為什麼別人會這樣對我？」

——這些以「為什麼」開頭的問句，常會導致消極、沮喪，使我們的情況變得更糟。

道理很簡單，當我們問「為什麼」時，注意的焦點即放在問題上，整個思想都圍繞著問題打轉，這麼一來，不但把問題給放大，同時也會阻礙我們解決問題的能力。

然而，當我們改口問道：

「我們現在該做什麼？」

「我要怎麼做才能改變這不利情況？」

「我需要怎麼做，才能讓事情變成我要的樣子？」

如此一問，就能馬上扭轉視野，找到行動的方向。

你可以改變過去

多年前所發生的那件事情，當時你可能抱持著負面的感受和想法，如果現在你已經智慧增長，對多年前所發生的事情，抱持正面的感受和想法，從心智的角度來看，你已經「改變了過去」。
沒錯，時間不會倒流，但是頭腦卻可以。
只要轉個念，我們隨時都可以改變過去。

你必須記住

- **後悔無助於事。**

後悔完全無助於事。只因你在做一件錯誤的事，所以再怎麼努力，也不可能把事情做對。

- **你不是你的過去。**

你不是昨天的你，甚至也不是片刻之前的你。過去曾經傷害我們的人事物，現在並沒有傷害我們；現在對我們造成傷害的，是我們對這些事情的想法。

- **掉入坑裡，就別再挖了。**

輪子陷入泥沼中，轉動愈快往往陷得愈深；陷溺在追悔也是一樣，不但於事無補，只會愈陷愈深。

抱怨不滿的時候，去想想更慘的人

去想想更慘的人

當你為了工作負擔而抱怨，去想想那些失業的人。

當你抱怨養兒育女的辛勞時，去想想那些不孕的人。

當你為臉上的雀斑和青春痘而煩惱時，去想想那些臉部燒傷的人。

當你不滿自己的腿太短，或抱怨沒有漂亮的鞋子時，去想想那些連腳都沒有的人。

去幫助更需要的人

每一天每個人都可以安撫一個朋友，一位同學或同事，給那些遇到麻煩的人一點幫助，你的不滿也會隨之減少。

心理學家曼尼格博士建議說：「每當你覺得自己的心情壞透了時，最好的辦法就是去找一個有麻煩的人，幫助那個麻煩。在這麼做的同時，你自己的問題通常也解決了。」

當你愈願意承擔別人的痛苦，就愈能感受到更多的歡樂；當你將你擁有的分享給缺乏的人時，你就愈能感受到更多富足。

列出一份你擁有的資產清單

好工作、活潑的女兒、漂亮的衣服、健康的身體、溫馨的房子、柔軟的沙發、可愛的小狗，關心你的父母和朋友。還有你喜歡的活動，你喜歡的美食……。

把你擁有的所有美好事物都寫下來。然後在腦子裡設想這些人事物一樣一樣都被剝奪了，那時你的人生會變得怎樣？

等你充分體會到了這種感覺，再慢慢地、一件一件地把這些「資產」還給自己，這時你將會驚訝地發現——原來你擁有那麼多幸福。

你必須記住

- **多感恩，少抱怨。**

如果你經常對小事不滿，要記住，那是因為你沒有什麼大麻煩；如果你真的有了大煩惱，要記住，別把時間和精力浪費在抱怨不滿。

- **集中注意在你擁有，而不是沒有的東西。**

當你每天都想著「沒有的」，整個意識都充滿著「匱乏」，只會讓自己更沮喪。反過來，集中注意在你擁有，你將發現原來你擁有那麼多。

情緒低落的時候，轉移你的注意力

轉移你的注意力

當人的情緒處於低潮時，對任何事情都提不起興趣，總是想著那些不愉快的事。

要擺脫這種情緒，最快的方法是轉移注意力——你可以到郊外去散散心，打電話給久未聯絡的朋友，或者是去打掃房子，聽聽音樂，整理舊照片，看你最喜歡的電影或綜藝節目，做一些你喜歡的事情等等。

站起來，動起來

感覺疲倦而心情沮喪？不要躺下，那只能讓你覺得更糟。

站起來意味著你能夠更快的思考、更好的解決問題和保持積極的態度。而動起來（特別是有氧運動，如跑步）可以促進血清張素和多巴胺等神經傳導物質的分泌，讓心情變好。同時轉移注意力，不再陷於挫折沮喪，讓自己更有活力和自信。

假裝樂觀積極

這方法很簡單，只要把自己的行為，假裝成自己所希望的那種人，你就會逐漸的變成那種人。

比方如果你害怕，就表現出自己很勇敢，若持續得夠久，假裝就變成真實。原本只憑著表現出無懼的樣子，便在不知不覺中，成為真正不懼的勇者。

依此類推。如果你悲觀消極，就表現出樂觀積極；如果你愁雲慘霧，就表現出微笑開朗。

心理學家威廉．詹姆斯說：「我們快樂是因為我們微笑，而非我們微笑是因為我們快樂。先微笑，然後快樂就隨之到來。」

現在，請微微地張嘴，讓嘴角的紋線朝上，然後發一個「C」音，開始微笑。可能的話，讓你的眼睛也跟著笑起來。

你必須記住

• **不要太完美。**

少說「必須」、「一定」等硬性詞。現實生活是不可能完美的，因此嘗試達到不可能的高標準就是庸人自擾。取而代之，設定比較實際的目標，或是順其自然，這會讓你變得輕鬆自在。

• **不要太當真。**

情緒低潮時，想法多半也是悲觀的，對於不斷冒出的負面念頭，不必過分去在意它。

• **心情難免起起伏伏。**

「心情是隨時變動的，給點時間就會轉好」，有這樣的認知，就比較容易接受心情不好的出現，也會預期過一會兒心情會變好。

高寶書版集團
gobooks.com.tw

HL 080
心境，決定你的處境：46 個改變人生困境的選擇題【暢銷十週年紀念版】

作　　者　何權峰
主　　編　吳珮旻
編　　輯　鄭淇丰
封面設計　林政嘉
內頁排版　賴姵均
企　　劃　陳玟璇

發 行 人　朱凱蕾
出　　版　英屬維京群島商高寶國際有限公司台灣分公司
　　　　　Global Group Holdings, Ltd.
地　　址　台北市內湖區洲子街 88 號 3 樓
網　　址　gobooks.com.tw
電　　話　(02) 27992788
電　　郵　readers@gobooks.com.tw（讀者服務部）
傳　　真　出版部 (02) 27990909　行銷部 (02) 27993088
郵政劃撥　19394552
戶　　名　英屬維京群島商高寶國際有限公司台灣分公司
發　　行　英屬維京群島商高寶國際有限公司台灣分公司
法律顧問　永然聯合法律事務所
二版日期　2024 年 07 月

國家圖書館出版品預行編目 (CIP) 資料

心境，決定你的處境：46 個改變人生困境的選擇題 / 何權峰著 . -- 二版 . -- 臺北市：英屬維京群島商高寶國際有限公司臺灣分公司，2024.07
　面；　公分 . --（生活勵志；HL080）
暢銷十週年紀念版

ISBN 978-626-402-021-3(平裝)

1.CST: 修身　2.CST: 生活指導

192.1　　113009027